대중 앞에서 말을 잘하는 비결

STAND UP AND TAIK TO 1000 PEOPLE(AND ENJOY IT!)

Copyright ⓒ1997 by Marion Witz
Korean Translation Copyright ⓒ 2014 by Arachne Publishing co.

This Korean edition is published by arrangement with Stoddart Publishing Co. LTD through EntersKorea Agency.

이 책의 한국어판 저작권은 엔터스코리아 에이전시를 통한 Stoddart와의 독점 계약으로 도서출판 아라크네가 소유합니다. 신 저작권법에 의하여 한국 내에서 보호를 받는 저작물이므로 무단전재와 무단복제를 금합니다.

대중 앞에서
말을 잘하는
비결

마리온 위츠 지음 | 김수진 옮김

아라크네

머리말

대중 앞에서
떨리지 않는 사람은 없다

　사람들 앞에 서서 말을 하려면 왜 그토록 두렵고 다리까지 후들거리는 걸까? 프레젠테이션을 해야 한다는 생각만으로도 왜 가슴이 두근거리는 걸까?
　그 이유는 중요하지 않다. 중요한 것은 단 하나, 두려움을 없애고 당당하게 사람들 앞에 서서 이야기를 할 수 있어야 한다는 것이다. 이를 위해 당신은 무엇이든 다 해낼 준비가 되어 있어야 한다. 사람들 앞에 서서 자신 있게 말하는 법을 배운다면, 당신은 그런 자신을 즐거운 눈으로 바라볼 수 있을 것이다. 나는 당신이 그렇게 될 수 있도록 도와주고, 당신에게 필요한 전략을 제시해 줄 것이며, 또한 당신이 훌륭한 연사가 되는 데 필요한 공식을 제공해 줄 것이다.

내가 난생 처음 대중 앞에 섰을 때

　내가 난생 처음 대중 앞에 선 것은 14살 때였다. 그해에 시 낭송 대회가 있었는데, 나는 무대에 올라가 산문시 한 편을 낭송해야 했다. 런던에서 온 여자 심사위원 한 명은 얼마나 엄격하고 지독해 보였던지!
　발표력, 표현력, 어조, 쉬어가기, 그리고 침착한 태도 등에 따라 점수가 매겨지게 되었다. 나는 장장 3개월 동안이나 연습에 연습을 거듭했기 때문에 시를 완벽하게 암송하고 있었다. 뿐만 아니라 분위기도 완벽하게 이끌어갈 수 있도록 만반의 준비를 해 두었다. 중간 중간 어디쯤에서 잠시 쉬어 가야 하는지도 완벽하게 연습해 둔 상태였다. 그때만 해도 시 낭송을 잘 해낼 수 있을 것 같았고 처음 얼마간은 기분도 좋았다.
　그런데 무대 위로 올라가 다른 참가자들을 보는 순간 나는 혼란에 빠지고 말았다. 내가 과연 그들과 경쟁해서 더 잘 해낼 수 있을까 하는 의구심이 들었다. 그들은 나보다 훨씬 더 매끄럽게 잘 해낼 수 있을 것 같았고, 나보다 훨씬 더 프로다운 분위기를 풍기고 있었다. 나는 시 낭송 대회에 참가한 것이 그때가 처음이었는데, 그들은 이미 몇 차례씩 참가해 본 경험이 있는 것 같았다.
　마침내 내 차례가 되어 무대 위로 걸어 올라갔다. 조명 때문에 눈이 부셨고, 아무것도 보이지 않는 것 같았다. 입안이 바짝바짝 말라 오고, 혀가 굳어 입천장에 딱 달라붙는 느낌이 들었다. 심장이 얼마나 쿵쾅거리던지 심사위원에게까지 그 소리가 들릴 것만 같았다. 두 손이 부들부들 떨리고 무릎이 서로 부딪히기 시작했다. 선생님께서 가르쳐 주셨던 긴장 푸는 방법을 시도해 보았지만 긴장감만 더해 갈 뿐이었다. 나는 그저 어서 끝나기만을 바랐다.

마침내 내 차례는 끝났지만, 그 얼마 안 되는 짧은 순간이 마치 억겁의 시간처럼 느껴졌다. 나의 낭송이 끝나자 청중들은 언제나 그렇듯이 의례적인 박수갈채를 보냈고, 나는 무대에서 내려왔다. 완전히 녹초가 된 상태였다. 나는 이런 경험이 이번으로 끝이기를 바랐다. 다시는 그런 창피한 경험을 하고 싶지 않았다. 어린 마음에 자존심에 상처를 받았던 것이다.

왜 그처럼 당황했던 것일까? 엄격하게만 보였던 그 심사위원 때문이었을까? 그럴지도 모른다. 다른 경쟁자들과 비교하면서 자신감을 잃어버렸기 때문일까? 그럴 수도 있다.

그렇지만 무엇보다도 분명한 이유가 하나 있다. 나 스스로가 무대 위에서 잘 해낼 수 있을 거라는 믿음을 갖지 못했기 때문일 것이다. 나는 스스로 훌륭하게 해낼 수 없을 거라고 생각했고, 그 결과 내 속에 자리 잡고 있던 두려움에 지고 만 것이다. 무대 위에서 훌륭하게 낭송을 해내는 것은 더 이상 나의 목적이 되지 못했다. 그저 빨리 끝내는 것만이 목적이었던 것이다. 그러자 모든 것이 장애물로 느껴지게 된 것이다.

이런 경험이 나만의 것이라고 생각되지는 않는다. 사실 많은 사람들이 경험했을 것이다. 청중 앞에서 강연하는 일이 얼마나 두려운 일인지는 누구나 알고 있다. 그것이야말로 가장 겁나는 일이며, 때로는 죽기보다도 더 두려운 일이라고 한다. 그렇지만 대중 앞에서 연설하는 기술만 체득한다면, 어떻게 하는 건지 방법만 알아낸다면 당신은 얼마든지 멋지게 연설을 해낼 수 있다. 그게 얼마나 쉬운지를 깨닫고 나면, 오히려 사람들 앞에 우뚝 서서 연설하는 일을 즐기게 될 수도 있다.

그렇다! 대중 앞에 서서 말하는 것은 정말 즐거운 일이다.

청중을 앞에 두고 말하는 것은 하나의 기술이며, 얼마든지 배워서 익힐 수 있는 것이다. 방법을 배우고 연습만 하면 된다. 나는 이제 당신에게 그 방법을 가르쳐 주고자 한다. 당신은 이제부터 열심히 연습만 하면 되는 것이다.

훈련의 결과는 성공적이었다

18살이 되면서 나는 교사 시험을 치르게 되었다. 시험 과목은 화법과 실제 수업이었다. 나는 13살짜리 아이들이 있는 반에 들어가 실제 수업을 해야 했는데, 이것이 내가 두 번째로 대중 앞에 선 경험이었다.

4년 전의 두려움이 아직도 생생했기 때문에 몹시 긴장되었다. 예전에는 한 번도 실제 수업을 해 본 경험이 없었을 뿐만 아니라, 사실 그때만 해도 나 역시 아직은 학생 신분이었기 때문이다. 시험 규정상 그날의 강의 주제를 미리 알 수는 없었다. 수업 시작 15분 전에야 강의 주제가 주어졌다. 그 당시의 긴장감은 다시는 기억하고 싶지 않은 그런 것이었다. 과거의 기억을 떨쳐 버릴 수 없었던 나는 다시 가슴이 두근거리기 시작했고, 바로 그 순간 강의 주제가 주어졌다.

그런데 그때 놀라운 일이 벌어졌다. 이런저런 두려운 생각이 사라지면서 내가 앞으로 해야 할 일에만 신경을 집중할 수 있었던 것이다. 내가 그동안 해 온 훈련의 효과가 나타난 것이다.

나는 교실로 들어가 멋지게 수업을 해냈다. 45분이 마치 한순간처럼 느껴져서 수업을 중단하고 싶지 않았다. 내가 원하는 순간에 아이들이 웃어 주었고, 내가 말하는 것 하나하나에 아이들이 관심을 보여 주었다. 내게 익숙해져 있던 칠판이 바로 그곳에 있었고, 나는 그것을 마음껏 사용했다. 아이들과 쉽게 동화될 수 있었다.

그날의 수업은 아주 즐겁게 끝이 났다. 그리고 나는 가르치는 일을 천직으로 삼겠다고 결심했다. 더 이상 사람들 앞에 나서거나 그들 앞에서 말하기 위해 머뭇거리지 않을 수 있을 거라는 자신감이 생겼다. 이제는 사람들 앞에 당당하게 서서 자신 있게 말할 수 있으리라는 걸 알게 된 것이다.

내 마음이 변해 갔던 과정을 주목하기 바란다. 처음에는 '다시는 하고 싶지 않다'고 생각했던 것이 나중에는 '평생의 업으로 삼겠다'는 생각으로 바뀌었다. 장애와 두려움을 극복한 것이다. 내가 그런 경험을 할 수 있었던 것은 전적으로 훈련의 결과였으며, 그날의 경험으로 나는 앞으로 더 나아질 수도 있음을 깨닫게 되었다.

이제 나는 그 어느 곳에서든 당당하게 일어서서 말할 수 있다. 그렇다고 해서 내가 전혀 긴장하지 않는다는 말은 아니다. 나 역시 사람들 앞에 설 때면 긴장된다. 낯선 분위기 속에서는 심장이 두근거리고 손끝도 떨린다. 그렇지만 벌떡 일어서서 심호흡을 하고 나면 긴장감이 어느덧 에너지로 변해 가는 것을 느낀다. 그렇게 생겨난 에너지가 나를 앞으로 전진할 수 있게 해 주는 것이다. 그 힘은 결코 나를 바닥으로 넘어뜨리지 않는다.

강연 직전에 떨리지 않는 연사는 아마도 없을 것이다. 연극배우들 역시 막이 오르기 직전에는 몹시 떨린다고 한다. 바브라 스트라이샌드Barbra Streisand도 무대 공포증이 있어서 10여 년 동안이나 라이브 공연을 못 했다고 한다. 톱 가수 마돈나Madonna도 공연 직전이면 늘 함께 다니는 그룹과 더불어 기도를 드린다고 한다. 이 순간을 일컬어 아드레날린의 분출기, 공포의 순간, 속이 뒤틀리는 시간, 긴장의 도가니 등으로 부른다. 그러나 일단 무대로 걸어 나가 공연에 들어가면 마술이 시작된다.

당신이 원하는 것도 바로 이런 것 아닌가? 마술을 느껴 보는 것! 그 마술을 가능하게 할 수 있는 주인공은 바로 당신이다.

훌륭한 연사는 타고나는가 아니면 만들어지는가

물론 어떤 사람들은 애초부터 말하는 능력을 갖고 태어나고, 또 많은 사람들이 살아가면서 타인과 대화하는 방법을 차츰 습득해 나간다. 그러면 청중을 앞에 두고 말하는 것은 어떤가? 사람들 앞에서 확신에 찬 모습으로 아무런 어려움 없이 자신의 생각을 표현하는 능력도 과연 타고나는 것일까?

나는 그렇게 생각하지 않는다. 왜냐하면 프레젠테이션을 한다는 것은 단순히 말하는 것과는 다르기 때문이다. 프레젠테이션의 경우 당신 자신에 대한 스스로의 느낌, 청중들에 대해 느끼는 편안함이나 불편함, 그리고 기타 등등의 외적 요인들에 의해 영향을 받기 때문이다.

대중 연설이 단순히 말재간 하나만으로 가능한 것이라고 생각해 보자. 친구나 가족, 기타 친지들과 더불어 이야기를 나눌 때 대부분의 사람들은 아무런 어려움을 겪지 않는다. 그렇다면 그들은 프레젠테이션에서도 전혀 문제를 느끼지 않아야 할 것이 아닌가.

훌륭한 연사는 만들어지는 것이며, 프레젠테이션 기법을 익히는 것 역시 다른 기술을 익혀 가는 과정과 비슷하다. 우선 방법을 알아야 하고, 끝없는 연습을 통해 기술을 연마해야 한다.

나는 프레젠테이션 기술을 익히는 것을 자동차 운전에 비유하곤 한다. 누구나 처음 운전을 배울 때 자신이 얼마나 서툴렀는지 기억할 것이다. 나는 수동식 자동차로 운전을 배웠다. 처음 운전을 할 때만 해도 기어를 변환하고 액셀러레이터를 밟는 일이 제대로 될 것 같지 않았다. 기어를 변환할 때마다 자동차가 크게 덜컹거렸고, 옆에 앉아 있는 운전 강사의 목이 뒤로 퍽퍽 꺾이는 게 보였다. 나는 그 사람이 목뼈라도 다치는 게 아닌가 싶어 보호대를 사용하라고까지 말했었다. 나의 두 발로 무슨 일을 저지를지 몰랐기 때문이다.

그러던 어느 날, 1단에서 2단으로 기어를 넣었을 때 자동차가 부드럽게 가속되는 것이 느껴졌다. 우연이 아니었다. 어느덧 내가 운전 기술을 터득했던 것이다. 이제 나는 자동차를 운전할 때 무엇을 움직일 차례인지 전혀 의식하지 않은 채 운전한다. 그저 자동차에 올라타 목적지로 향할 뿐이다. 운전은 마치 제2의 천성처럼 생각된다. 이제 더 이상 운전을 기술로 여기지 않는다. 내가 처음 운전대를 잡았던 날, 즉 결코 운전 기술을 배울 수 없을 것 같이 여겨졌던 그날의 기억을 떠올릴 때면 나도 모르게 미소 짓게 된다.

완벽 프레젠테이션의 법칙

대중을 앞에 두고 강연하는 것 역시 불가능한 일이 아니다. 극소수의 사람들만 해낼 수 있는 일도 아니다. 당신을 포함한 그 누구라도 배울 수 있는 기술이다. 나는 지금부터 여러분에게 그 방법을 알려 주고자 한다.

나는 이 책에서 프레젠테이션을 훌륭하게 해내기 위해 필요한 여러 가지 요소들, 그리고 이를 위해 배워야 할 방법들을 당신에게 제시해 주려고 한다. 당신은 처음 단계, 특히 프레젠테이션 기법을 스스로 익혀 가는 단계에서는 무엇보다도 철저히 준비하고 많은 시간을 투자해야 한다. 생각을 거듭할수록 더욱더 많은 시간이 필요하게 될 것이다. 그렇다고 마냥 시간을 끌어도 좋다는 이야기는 아니다. 우리에게 낭비할 시간은 없다.

자, 이제 닻을 올리고 완벽한 프레젠테이션이라는 마술을 한번 배워 보자.

차례

머리말_ 대중 앞에서 떨리지 않는 사람은 없다_4

01 당당하게 말하기 위한 준비

1장 무엇을 말할 것인가_ 목표를 세워라

과연 잘할 수 있을까_19 왜 내가 이야기해야만 하는가_20 내가 청중에게 바라는 것은 무엇인가_23 청중을 어떤 방향으로 이끌 것인가_27

2장 청중을 내 편으로 만들자

청중은 적이 아니다_33 적대적인 청중을 2분 안에 같은 편으로 만들어라_34 행동으로 옮긴 것의 90%를 기억하는 인간_39 청중에게 질문을 잘하는 8가지 비결_41 청중과 자신을 평준화시킨 클린턴_44 적대적인 질문을 활용해 목표를 재강조하는 방법_48 **청중 앞에서 이것만은 반드시 피해라_51**

3장 말하기가 쉬워지는 원고 작성법

당당하고 자신 있게 말하기 위한 시작_57 세련된 어휘는 필요 없다_58 짧고 간결하게 쓰고 몇 번이고 반복해라_59 **말하기가 쉬워지는 원고 작성 사례1_71** 청중의 귀뿐만 아니라 눈도 이용하라_75 시각 자료는 보조 수단임을 명심하라_77 말하듯이 읽는 것도 기술이다_79 읽기 쉬운 원고

는 따로 있다_80 **말하기가 쉬워지는 원고 작성 사례2**_83

4장 **목소리로 사로잡아라**

그냥 듣고(hearing) 있는가, 경청하고(listening) 있는가_86 레이건의 실수_89 강연은 관객을 감동시켜야 하는 1인극_92 지구상에서 가장 완벽한 악기 '목소리'_95 호흡 조절을 통해 목소리가 달라진다_96 감정이 담긴 목소리는 위험하다_101 상황에 따른 적절한 목소리 연출 훈련_102 공명을 개발하는 방법_108 목소리로 최면을 걸어라_112 **감동적인 목소리 창출법**_115

5장 **보디랭귀지로 마무리하라**

촌스러운 당신의 보디랭귀지를 개선하라_120 어디에 둬야 할지 부담스러운 손, 이렇게 처리하자_124 서 있는 자세를 결정하는 머리와 다리_128 시선은 청중의 눈을 향해야 한다_130 긴장을 풀고 적절한 타이밍에 미소 지어라_131 첫인상은 60초 안에 결정된다_133 남성을 위한 이미지 관리 요령_135 여성을 위한 이미지 관리 요령_138

02 실전에서 자신 있게 말하기

6장 **어떻게 이야기를 전개할 것인가**

목적에 따라 달라지는 5가지 유형의 말하기_143

7장 세일즈를 위한 말하기

흥미롭다고 물건이 잘 팔리는 것은 아니다_146 카를로가 빠뜨린 중요한 정보_148 판매를 위한 5가지 설득의 기법_153 **세일즈를 위한 말하기 사례**_163

8장 감동을 전하기 위한 말하기

청중의 마음을 움직여라_169 연사와 청중, 주인공이 공유한 추억을 이야기하라_171 강인한 목소리로 국민을 감동시킨 처칠_173 "나에게는 꿈이 있습니다"_175 보디랭귀지와 보조 도구는 영화의 사운드트랙과 같다_176 **감동을 전하기 위한 말하기 사례**_178

9장 지식을 전달하기 위한 말하기

지루한 강의에서 해방되자_182 청중은 직접 참여함으로써 기억한다_184 질문하라, 대답한 것의 70%를 기억할 것이다_185 청중의 경험담을 활용하라_190 적절한 곳에 필기할 수 있도록 유도하라_191 청중이 쉬어 갈 수 있게 항목을 나눠라_191 백번 설명보다 한 번 시연이 효과적이다_194 교육적이면서 동시에 감동적이어야 한다_195 **지식을 전달하기 위한 말하기 사례**_197

10장 행동을 촉구하기 위한 말하기

과장될수록 행동으로 이어질 확률도 높다_201 **행동을 촉구하기 위한 말하기 사례**_203

11장 사실을 설명하기 위한 말하기

시각 자료를 준비하라_208 무엇보다 당신의 이야기가 우선임을 명심하라_209 항목별로 구분하라_210 반복해서 설명하라_212 **사실을 설명하기 위한 말하기 사례_213**

12장 같은 소재를 다르게 말하기

제품을 판매하는 경우 : 세일즈를 위한 말하기_218 제품에 대한 신뢰를 높이는 경우 : 감동을 전하기 위한 말하기_220 제품에 대해 교육하는 경우 : 지식을 전달하기 위한 말하기_223 청중의 행동을 끌어내는 경우 : 행동을 촉구하기 위한 말하기_227 정보를 전달하는 경우 : 사실 설명을 위한 말하기_233 뚜렷한 목표를 정해서 성공적으로 말하자_237

01

당당하게
말하기 위한
준비

1
무엇을 말할 것인가
_목표를 세워라

과연 잘할 수 있을까?

'왜 하필 나야?'

'무슨 말을 하지? 내가 잘 해낼 수 있을까?'

당신이 회사의 신규 사업과 관련된 회의에서 당신 팀을 대표해 발표하게 되었다고 가정해 보자. 어쩌면 당신은 대뜸 이런 생각부터 하고 있을지도 모른다. 그리고 이러한 생각들은 발표가 매끄럽게 진행되도록 당신을 내버려 두지 않을 것이다.

많은 사람들 앞에서 이야기하는 경우, 당신을 가장 당혹스럽게 하는 것은 '과연 해낼 수 있을까?' 하는 걱정이다. 이런 생각은 당신을 위축시키고 자신 없게 만드는 가장 큰 이유이다.

발표에 대한 두려움에 사로잡혀 있는 동안 당신은 실제로 무슨 말을 할 것이며, 어떻게 준비해야 할 것인가에 신경 쓰기보다는 그 일을 해낼 수 없을 것이라는 생각에 상당한 시간과 에너지를 소모하게 된다. 실패에 대한 두려움, 성과에 대한 반신반의, 그리고 잘못될 수도 있다는 우려가 뒤죽박죽이 되면 결국 이런 의구심이 일어난다.

"난 절대 잘 해낼 수 없을 거야."

"부장님께서 어떻게 생각하실까?"

"핵심 사항을 빠뜨리고 지나가면 어떡하지?"

이러한 공포에서 벗어날 수는 없는 것일까? 이 문제에 대해 다른 방향으로 접근해 보자. 맡은 일을 제대로 해낼 수 없을 것이라는 생각 대신, 이제부터 해야 할 일이 무엇인가를 생각해 보는 것이다. 이것은 당신이 많은 사람들 앞에서 당당하게 말할 수 있는 첫 번째 열쇠다.

왜 내가 이야기해야만 하는가

회의에서 당신에게 팀을 대표해 발표하는 일이 주어졌다면, 발표 준비는 어디서부터 시작해야 할까? 이 문제는 이야기하려는 '목표'가 무엇인지 생각하면 바로 해결된다.

'하필이면 왜 내가 이 일을 맡아야 하는가'라고 생각하기보다는 '내가 왜 이것에 대해 사람들에게 이야기를 해야만 하는가' 그 이유를 찾아라. 당신이 얻고자 하는 것이 무엇인지 명확하게 알 수 있을 것이다.

당신이 얻고자 하는 것은 무엇인가. 이것이 확실해지면 이야기의 목표를 정할 수 있고, 목표를 달성하기 위한 더욱 명쾌한 아이디어들을 얻을 수 있다. 또 발표를 위해 한 단계 한 단계 준비할 수 있으며, 결국 성공적으로 발표를 마칠 수 있게 된다.

만일 당신 스스로 왜 이 이야기를 하고 있는지, 혹은 당신이 의도하는 바가 무엇인지에 대한 명확한 개념이 없다면, 당신의 이야기를 듣는 청중 역시 똑같을 것이다. 수잔의 경우를 살펴보자.

수잔은 치과 관련 제품을 생산하는 'Oral Video Technology'라는 회사의 직원이다. 그녀는 어느 날 치과 협회로부터 새로운 장비에 대해 설명해 달라는 요청을 받았다. 처음에 수잔은 엄청나게 많은 치과 의사들이 한자리에 모인 곳에서 설명을 해야 한다는 사실이 부담스러웠다. 더군다나 그들은 그 분야의 전문가가 아닌가!

하지만 수잔은 생각을 바꾸기로 했다. 이왕이면 설명을 잘해서 제품의 판매로 이어지도록 해야겠다고 생각했고, 그러자 곧 그것이 좋은 기회로 여겨졌다. 일정은 일주일 후로 잡혔고 준비할 시간도 충분했다.

그런데 수잔은 자신이 이번 발표를 하는 정확한 목적에 대해 확신이 서지 않았다. 청중을 대상으로 회사의 최신 장비를 소개하고 교육하기 위해서인가, 아니면 자신의 회사를 홍보하기 위해서인가? 그녀는 목표를 확실히 하기 위해 다음과 같은 질문들을 제기해 보았다.

Q 나는 청중을 교육시키고자 했는가?

A 그렇다. 치과 의사들에게 최신 장비를 소개하고 그것에 대해 교육하고, 이 장비를 치과 치료에 도입하는 것이 왜 좋은지에 대해 말하고자 한다.

Q 그밖에 다른 목적은 없는가?

A 의사들을 대상으로 회사의 제품을 판매하는 것이다. 즉 치과 의사들을 교육하고, 그들이 그 기기를 구입하도록 하는 것이 목적이다. 이를 위해서는 이 장비가 의료 시술을 한 단계 향상시키며, 병원의 수입 증대에도 기여할 것이라는 확신을 심어 주어야 한다. 이 제품에 투자하지 않는 것은 곧 미래의 투자에 실패한다는 의식을 심어 주는 것이다.

이제 수잔에게 '목표'가 설정되었다. 목표가 설정되자 수잔은 의사들을 상대로 이야기하는 일이 한결 수월하게 여겨졌다. 목표 설정을 통해 수잔이 얻은 것은 다음 3가지로 압축할 수 있다.

내가 청중에게 바라는 것은 무엇인가

첫째, 이야기의 출발점에 설 수 있게 되었다.

목표를 설정하게 되면 자신이 어떤 이야기를 할 것이며 어떤 방향으로 이야기를 전개해 나갈 것인지 확신이 생긴다. 수잔의 경우도 그랬다. 어떤 방향으로 이야기를 전개해야 할지 확신이 없었다면 그녀는 용기를 잃은 채 공포심에 빠져 버렸을 수도 있다. 그 결과 그녀의 발표는 실패로 끝났을지도 모른다. 하지만 그녀는 목표를 설정했고 이제 의사들을 상대로 이야기하는 일을 결코 놓칠 수 없는 기회로 여기게 되었다.

많은 사람들 앞에서 이야기하기 위해 준비하면서 부딪히게 되는 어려움 중의 하나는 도대체 어디서부터 시작해야 할지 감이 잡히지 않는다는 것이다. 당신이 말하고자 하는 바가 무엇인지 정확히 알기 전에는 다양한 아이디어 속에서 허우적거릴 것이며, 그러면 그럴수록 점차 신경이 날카로워지고 패배감에 젖어 들게 된다. 어쩌면 몇 시간이 지나도록 무슨 말로 이야기를 시작해야 할지도 정하지 못한 채 초조해하고 있을지도 모른다.

목표 설정은 이야기의 출발점이 된다. 당신 스스로에게 "나는 왜 이번 이야기를 하려고 하는가?" "내가 달성하고자 하는 목표는 무엇인가?" 하는 질문을 던져 보라. 질문에 대한 답을 찾는 동안 당신은 마침내 이야기의 출발점에 서 있는 자신을 발견하게 될 것이다.

만일 어떤 부분에서든 무슨 말을 해야 할지 모르겠다면, 언제든 목표를 확인하는 단계로 되돌아가라. 그리고 똑같은 질문을 던져라. 아마도 더 많은 답을 얻을 수 있을 것이고, 다시 자연스럽게 무슨 말을 해야 할지 알 수 있게 될 것이다.

둘째, 강조해야 할 점이 무엇인지 알게 되었다.

처음에 수잔은 자신이 이야기하는 목적이 청중을 교육시키기 위한 것인지, 제품을 판매하기 위한 것인지 확신이 서지 않았다. 하지만 목표를 구체화하는 과정을 통해 자신이 성취하고자 하는 바가 무엇인지 정확히 이해할 수 있게 되었다. 이제 그녀는 자사의 장비가 투자할 만한 가치가 있음을 확신을 가지고 알릴 수 있게 된 것이다.

연사로서 당신이 말하고자 하는지를 청중이 제대로 이해할 수 없다면, 그들은 곧 당신의 이야기를 듣는 일을 불필요하게 여길 것이며 더 이상 당신의 연설에 귀 기울이지 않게 될 것이다. 당신 역시 얼마나 많은 연설을 들으면서 '그래서 대체 요점이 뭐야?'라는 생각을 했었는가. 당신은 당신의 말을 듣는 청중이 그런 생각을 하기를 원치 않을 것이다.

당신은 당신이 이야기하는 동안 줄곧 청중의 관심이 집중되기를 바란다. 당신이 말하고자 하는 바를 빨리 알아차릴수록 청중은 관심을 집중할 수 있다. 또한 청중의 관심이 집중될수록 당신의 목표를 달성하는 일도 쉬워진다. 그것이 청중을 즐겁게 해 주는 일이든, 교육하는 일이든, 혹은 세일즈를 하는 일이든 말이다.

셋째, 청중을 어느 방향으로 이끌어 가야 할지 분명해졌다.

이야기를 모두 마쳤을 때 그 자리에 있던 의사들이 어떤 반응을 보여야 할까? 수잔이 소개하는 제품을 구입해야겠다는 생각이 들어야 한다. 수잔은 자신의 목표가 무엇인지 확실히 알게 된 것이다.

연사로서 갖게 되는 가장 큰 두려움은 2가지이다. 하나는 '내가 하는 이야기가 청중의 호기심을 끌지 못하면 어쩌나' 하는 것이고, 다른 하나는 '청중의 욕구를 충족시켜 주지 못하면 어쩌나' 하는 것이다.

그러나 이런 두려움은 당신의 이야기와 직접적인 관련이 있는 것이 아니다. '청중이 어떤 생각을 하고 있을까' '과연 내가 그들을 만족시켜 줄 수 있을까' 하는 문제들을 고민하고 있다면 그것은 공포심에 사로잡혀 있는 것에 불과하다. 이 문제를 설정함으로써 해결할 수 있다.

　청중을 어느 방향으로 이끌어 갈 것인가? 당신은 청중을 어떤 방향으로든 이끌어 갈 수 있다. 기억하라. 그들은 당신의 이야기를 듣기 위해 그곳에 있는 것이다. 스스로에게 "청중이 나에게 원하는 것은 무엇인가?"라고 묻지 마라. 그보다는 "내가 청중에게 원하는 것은 무엇인가?"에 집중해야 한다.

　당신은 청중을 즐겁게 해 주려 하는가, 교육하려 하는가, 설득하려 하는가, 아니면 그들이 당신을 신뢰하도록 만들고 싶은가. 그렇다면 그 이유는 무엇인가. 아마도 당신은 당신이 보여 주고 있는 물건이 그들이 필요로 하던 바로 그것임을 깨닫도록 만들고 싶을 수도 있다. 그렇다면 이제 당신이 해야 할 일은 분명해졌다. 그것이 왜 필요한지 그 이유를 설명하면 되는 것이다.

　이때 주의할 것은 피상적인 접근은 피해야 한다는 것이다. 문제에 대해 충분히 생각하고 연구할수록 많은 사람들 앞에서 말하는 일은 훨씬 쉬워진다. 스스로에게 던지는 질문과 대답을 하나하나 기록하라. 그러다 보면 스스로가 얼마나 많은 정보를 갖게 되었는지, 또 얼마나 핵심에 가까이 다가가 있는지를 깨닫고 놀라게 될 것이다.

청중을 어떤 방향으로 이끌 것인가

이제 당신에게 중요한 것은 '청중의 관심'이 아니다. 그보다는 청중으로 하여금 '당신의 목표'에 귀 기울이고 그 목표를 수용하도록 만드는 일이 더 중요하다. 명확한 목표를 가지고 그것을 위해 나아가면 청중을 사로잡을 수 있고 또한 자신이 원하는 것을 성취할 수 있다. 그것이 '청중을 어떤 방향으로 이끌 것인가?'를 고민해야 하는 이유이다.

제인이 나를 찾아왔다. 제인은 병원에서 일하면서 행정 부문 구조조정 프로젝트에 참여하고 있었다. 프로젝트가 거의 완료 단계에 이르자 이사회에서는 그녀에게 프로젝트와 관련하여 프레젠테이션을 해 달라고 요청했다. 그녀는 프레젠테이션이 혹시 엉망이 되지 않을까 매우 걱정하고 있었다.

그녀는 공포에 사로잡혀 있었다. 자신이 담당하는 업무와 관련하여 충분한 지식을 지녔지만, 이사진(그녀는 이사들이 자신보다 나이도 많고 더 현명하며 자신보다 훌륭한 사람들이라고 믿었다)에서 질문이 나왔을 때 답변을 제대로 하지 못할까 봐 걱정하고 있었던 것이다. 더욱이 그녀는 이사회가 금번 프로젝트에 대해 못마땅해하고 있으며, 이참에 프로젝트 자체를 무산시켜 버리려고 한다는 소문을 들은 바 있었다.

프로젝트가 진행되면서 이런 소문은 그녀를 매우 당황하게 만들었다. 그녀는 자신이 프로젝트에 대해 제대로 설명하지 못하면, 이 사회에서 프로젝트를 백지화시켜 버릴 것이라는 걱정에 사로잡혔다. 이런 생각은 그녀를 더욱더 깊은 공포의 도가니로 몰아넣었다. 사실 제인뿐만 아니라 일반적으로 사람들은 쉽게 공포심에 사로잡힌다.

청중이 나에게 원하는 것에 관심을 기울이는 것은 매우 부정적인 접근 방식이다. 이런 접근 방식은 매우 파괴적이며 시간 소모적이다. 비록 제인이 자신의 목표를 정확하게 설정하고 청중을 어떤 방향으로 이끌어 가야 할지 안다고 하더라도, 이 방식을 유지하는 한 그녀는 결국 프레젠테이션에서 실패할 것이 분명했다.

나는 제인과 함께 목표 설정 작업에 착수했다.

우리는 자리에 앉아 목표 설정 작업에 착수했다. 먼저 제인에게 이번 프레젠테이션을 하는 이유가 무엇인지 물었다. 그녀는 즉시 그녀가 원해서 하게 된 것은 아니라고 대답했다.

"이 일을 하기는 해야 하는데, 사실 전혀 내키지가 않아요."

그녀는 불만이 가득한 표정으로 말을 이었다.

"만일 실수라도 하는 날에는 그동안 우리가 해 온 모든 일이 수포로 돌아가고 말 거예요. 너무 부당하지 않나요?"

"제인, 일단은 당신이 이번 프레젠테이션을 '하게 될 것'이라는 사실은 인정하기로 합시다."

나는 계속해서 말했다.

"그렇다면 당신이 이사회에 알리고자 하는 것은 무엇인가요?"

제인은 이사진에게 프로젝트가 순조롭게 진행되고 있음을 알리고 싶다고 했다. 일단 그것을 제인의 '목표'라고 하자.

나는 '왜' 그 사실을 알리고 싶은 것인지 물었다. 이 질문에 제인은 미소를 지으며 대답했다.

"그래야만 이사회로부터 지속적인 자금 지원을 받을 수 있거든요."

그렇다면 이것이 목표가 될 수 있을까? 나는 그것을 목표로 잡고 더 많은 질문을 던져 보았다. 왜냐하면 목표 설정의 단계에서부터 이미 모든 질문들은 다 상호 관련이 있기 때문이다.

"이사회에서 프로젝트를 백지화시킬 수도 있나요?"

"순조롭게 진행되지 않는다고 판단되면 그럴 수 있지요."

"그렇다면 그 프로젝트는 순조롭게 진행되고 있나요?"

"물론이지요."

나는 제인에게 프로젝트가 제대로 진행되고 있다고 생각하는 이유를 말해 달라고 했다.

제인의 말에 따르면 프로젝트 시행을 통해 도입된 수정안들은 경비 절감과 임직원의 생산성 향상이라는 성과를 낳았으며, 이미 상당량의 경비 절감 효과가 발생해 병원 내 행정 부서뿐 아니라 의사 및 간호사들에게까지 신기종의 컴퓨터가 지급되었다고 했다. 프로젝트는 성공적이었던 것이다.

제인은 프로젝트와 관련된 모든 사항을 속속들이 파악하고 있었다. 프로젝트의 강점은 무엇인지, 또 약점은 무엇인지도 알고 있었다. 그녀는 지난 10개월간 오로지 프로젝트와 매달렸던 것이다. 병원 내에 프로젝트에 대해 그녀보다 더 잘 파악하고 있는 사람은 하나도 없었다. 나는 제인의 이런 점을 강점으로 내세웠다.

"제인, 당신이 이야기한 것을 기준으로 봤을 때 프로젝트는 원활히 수행되고 있다고 생각되는군요. 프레젠테이션을 통해 이사회에게 이런 믿음을 심어 주어 지속적인 지원을 받아 내는 것이 당신이 바라는 것 아닌가요? 그렇다면 이미 훌륭한 목표가 수립되었다는 생각이 드는군요."

이렇게 해서 제인은 '목표'를 설정하게 되었다. 이제 그녀는 자신이 무슨 말을 해야 할지 — 프로젝트가 얼마나 성공을 거두었는지, 프로젝트를 통해 제안된 사항들을 도입하는 것이 얼마나 중요한 일인지 등 — 를 알게 된 것이다.

그녀는 자신이 프로젝트와 관련된 사항을 얼마나 잘 파악하고 있는지를 깨달았고, 그래서 자신이 맡게 된 역할을 받아들일 마음의 여유 또한 갖게 되었다. 더 이상 이사진을 대상으로 프레젠테이션하는 일에 대해 두려움을 느낄 이유가 없는 것이다. 그들은 다만 그녀로부터 배우기 위해 그곳에 있을 뿐이다. 그녀는 그들을 한 단계 한 단계 이끌어 가면서 프로젝트 전반을 이해시키면 되는 것이다. 제인은 결국 훌륭하게 프레젠테이션을 마칠 수 있었고, 그녀가 제안한 모든 사항은 전폭적으로 수용되었다.

어쨌든 처음에는 프로젝트가 무산될 가능성도 분명히 있었다. 그녀가 이사회 앞에서 프레젠테이션하는 것을 극도로 두려워했기 때문이었다. 제인은 이사회 사람들이 자기보다 많이 배웠고, 더 고위직에 있으며, 자신보다 훨씬 더 많은 정보를 갖고 있을 뿐 아니라 프로젝트가 지속되기를 원치 않는다고 생각했다.

따라서 제인이 자신의 '목표'를 설정하기 전까지는, 그리고 자신의 전문가적 소양에 대해 의구심을 갖고 있는 동안에는 프로젝트가 무산될 가능성이 분명히 있었다. 만일 그런 상태에서 그녀가 프레젠테이션을 진행했다면, 그녀의 이야기는 분명히 설득력을 갖지 못했을 것이다.

당신이 연사가 되었다면, 무엇보다 당신은 청중 앞에 서기 전에 당신이 말하고자 하는 바에 대해 스스로 정확히 파악하고 있음을 확신해야 한다. 물론 정확한 목표를 설정하고 청중을 어떤 방향으로 이끌 것인지에 대한 고민이 선행되어야 한다. 목표 설정이야말로 당당하고 자신 있게 이야기할 수 있는 출발점이다.

일단 목표가 설정되면 당신이 무엇을 중점적으로 말해야 할지 알 수 있다. 그렇게 되면 청중의 주의를 한데 모을 수 있으며, 그 결과 당신이 원하는 것을 이룰 수 있게 된다.

2
청중을 내 편으로 만들자

청중은 적이 아니다

'청중'. 듣기만 해도 등골이 오싹해지고 두려워지고 초조해지는 단어이다. 실제로 우리는 청중에 대해 필요 이상의 두려움을 가지고 있다. 많은 사람들이 나의 움직임을 주시하며 내 말 한 마디 한 마디에 귀 기울이고 있다고 생각하면 두렵고 긴장되는 것은 누구라도 마찬가지이다. 하지만 중요한 사실은, 그들은 내가 한 말에서 실수를 찾아내 나를 협박하기 위해 자리에 앉아 있는 사람들이 아니라는 점이다. 청중은 적이 아니다.

사실 대다수의 청중은 당신의 편이다. 당신이 이야기하는 도중 실수를 하더라도 슬쩍 눈감아 주고 "계속해"라고 외친다. 당신이 매우 긴장한 것처럼 보이더라도 청중은 결코 그런 모습을 비웃지 않는다. 대부분의 경우, 청중은 당신에게 매우 호의적이며 언제든지 박수갈채를 보낼 준비가 되어 있다.

청중은 당신의 적이 아니다. 그들은 당신의 이야기를 듣기 위해 그 자리에 있는 것이며, 언제든 당신이 원하는 방향으로 갈 준비가 되어 있는 사람들이다. 물론 당신은 청중이 헤매지 않도록 방향을 제시해 주어야 한다.

적대적인 청중을 2분 안에 같은 편으로 만들어라

청중이 당신의 이야기에 관심을 갖고 귀 기울이도록 하기 위해서는 먼저 청중이 어떤 사람들인지 알아야 한다. 여기서는 "그들은 누구인가?"라는 간단한 질문만 던짐으로써 청중이 어떤 사람들로 구성되어 있는지 알 수 있고 그들의 수준에 따라 사용할 어휘의 수준을 결정할 수 있다.

만일 청중이 과학 분야의 전문가들이라면, 그 분야의 전문 용어를 사용할 수 있다. 만일 대학 교수들을 상대로 하는 강연이라면, 학생을 상대로 할 때와는 다른 수준의 어휘를 사용해야 할 것이다. 이것이 바로 청중이 어떤 사람들로 구성되어 있는지 알아야 하는 이유가 된다.

청중이 어떤 사람들인지 미리 알아 두어 그들의 수준에 맞는 어휘를 사용하면 청중의 이해를 도울 수 있고, 그들을 당신 편으로 만들기도 한결 쉬워진다. 그들은 당신의 적이 아니라 당신의 이야기를 듣기 위해 자리에 앉아 있는 사람들이다. 그들의 특성을 파악해 이야기를 전개한다면 그들은 청중에서 한 걸음 더 나아가 당신의 협력자가 될 수도 있다.

에릭의 아들은 사립학교에 다니고 있었다. 50여 년의 역사를 갖고 있는 그 학교는 전국에서 가장 수준 높고 가장 자유로운 교육을 실시하는 학교로 명성이 자자했다. 하지만 학교는 아무도 예상치 못한 재정적인 어려움을 겪고 있었다.

어느 날 학부모들은 학교 운영위원회에서 보낸 '학교를 구하기 위한 모임'에 참여해 달라는 편지를 받고 경악했다. 학교가 수백만 달러의 부채를 안고 있는데, 이제 더 이상 빚을 갚아 나갈 수 없다는 내용이었다. 이 학교는 전국에서 수업료가 가장 비싼 학교였는데도 학생 수는 늘 넘쳐났다. 그런데 이제 와서 학교는 더 많은 돈을 요구하는 것이었다.

에릭은 그 학교에 다니는 아들을 둔 학부모이자 운영위원회의 일원이었다. 기금 모금을 위한 모임에 연사로 참여해 달라는 부탁을 받은 그는 나를 찾아왔다. 그는 매우 흥분된 상태였고, 수많은 학부모들 앞에서 무슨 말을 해야 할지 몰라 매우 당황하고 있었다.

"그 사람들은 자녀를 우리 학교에 보내느라 엄청난 돈을 지불하고 있습니다. 그런데 우리는 지금 더 많은 돈을 기부해 달라고 요청해야 합니다. 어떻게 감히 그런 말을 꺼낼 수 있겠습니까?"

그는 대뜸 이렇게 말했다.

"어제 톰이 연사로 나섰을 때에도 절반 이상의 학부모들이 우르르 일어나 퇴장하더니 소송을 제기하겠다고 법석을 떨었습니다. 가까스로 사태를 진정시키기는 했지만, 그들은 운영위원회 전체를 잡아넣고 싶은 겁니다. 두렵습니다. 전 정말 무슨 말을 해야 할지 모르겠어요."

에릭이 두렵지 않다면 그게 오히려 이상한 일일 것이다. 그는 청중이 자신에게서 무엇을 원하는지 전혀 알 수 없었기에 목표를 설정할 수조차 없었다. 그는 온통 '그들이 원하는 게 무엇일까? 그들이 어떻게 나올까? 그들은 나를 좋아하지도 않을 거고, 내 말을 들으려 하지도 않을 거야'라는 생각에 사로잡혀 있었다. 이처럼 연사의 심리적인 상태에 대해 전혀 호의적이지 않은, 적의에 가득 찬 청중을 상대로 이야기하는 것은 매우 어려운 일이다.

"여기서 포기하면 안 돼요, 에릭."

나는 그의 눈을 바라보았다.

"당신은 충분히 해낼 수 있어요. 당신이 이 일을 해낼 능력이 없다고 판단되었다면, 처음부터 당신에게 일을 맡기지도 않았을 겁니다. 이제 뒤로 물러날 수도 없으니, 우선 목표부터 설정하고 그 목표를 달성하기 위해 할 수 있는 방법들을 생각해 봅시다. 당신이 원하는 것이 무엇인지 말해 보세요."

"각 세대별로 최소한 2,000달러, 많게는 각자 능력껏 기부해 주기를 바랄 뿐이지요."

쉽지 않은 요구였지만, 그렇다고 불가능한 요구도 아니었다. 우리는 전략을 세우는 일에 착수했다. 내가 먼저 말을 꺼냈다.

"학부모들을 상대로 이야기할 때 가장 중요한 것은 논리 정연해야 한다는 것입니다. 앞뒤가 맞지 않는 이야기를 했다가는, 당신 역시 어제의 톰과 같은 상황에 처하게 될 겁니다."

나는 잠시 틈을 두었다가 에릭에게 물었다.

"그런데 운영위원회가 어쩌다가 이런 적자에 빠지게 된 거지요?"

에릭의 설명을 듣는 동안 나는 문제를 점차 이해할 수 있었다. 이것은 매우 중요한 일이었다. 만일 내가 이해하지 못했다면, 청중 역시 전혀 이해하지 못할 것이 뻔하기 때문이다.

"운영위원회의 잘못이 크군요."

"위원들 모두의 잘못이라고 말할 수는 없지요. 상당수의 위원들은 실질적인 책임을 맡고 있는 일부 위원들에 대해 반대하고 있으며, 다시는 이런 일이 발생하지 않도록 대책도 강구해 놓았습니다. 이번 사태를 극복하지 못한다면 학교는 결국 문을 닫아야 할 겁니다. 이 학교가 전국 최고 수준의 학교임을 감안할 때 슬픈 일이지요."

에릭의 말이 끝났을 때, 나는 학교의 문제를 이해하고 학교가 처한 상황이 매우 심각한 지경임을 파악할 수 있었다.

우리는 먼저 청중에게 무슨 일을 해야 할지부터 생각했다. 이 생각들을 바탕으로 원고를 작성할 계획이었다. 이제 에릭이 해야 할 일은 오늘 내 앞에서 한 이야기를 내일 청중들 앞에서 그대로 반복하는 것뿐이었다.

이때 가장 중요한 것은 에릭 역시 학부모의 한 사람으로서 연단에 서게 된 것임을 청중에게 인식시키는 일이었다. 그가 청중들과 마찬가지로 학부모의 한 사람이라는 인식을 심어 주지 못한다면, 청중은 그의 이야기를 귀담아듣지 않을 것이었다. 단, 청중이 적대적임을 감안할 때, 이 일은 이야기가 시작된 지 초반 2분 이내에 달성해야만 했다. 만일 그 타이밍을 놓친다면 그 역시 청중을 설득하는 데 실패하고 말 것이다.

우리는 이 단계를 '평준화' 단계라고 부르기로 했다. 평준화 단계란 당신과 청중 사이의 벽을 허무는 단계로, 일단 양측 사이의 벽이 허물어지면 당신은 설정해 놓은 목표를 향해 달려갈 수 있다. 이미 청중이 당신을 동료로 받아들인 상황이기 때문에 목표 달성은 훨씬 쉬워질 것이다.

에릭은 다음 날 저녁 학부모들을 상대로 기금 모금에 관한 연설을 실시했다. 그는 다른 어떤 연사들보다 훨씬 많은 기금을 모금했으며, 학교로부터 더 많은 연설을 해 달라는 요청을 받기도 했다.

에릭의 경험담은 청중이 무엇을 원하는가에 그다지 연연해 할 필요가 없다는 것을 보여 준다. 그보다는 오히려 그들이 어떤 사람들인가와 내가 그들에게 원하는 것이 무엇인가에 귀 기울이는 것이 중요하다.

에릭은 자신의 목표에만 모든 신경을 집중시켰다. 그의 이야기를 듣는 청중은 연설이 시작되고 몇 분 안 되어 그를 동료로 인식했으며, 이야기가 논리 정연했기 때문에 청중이 혼란에 빠지는 일도 발생하지 않았다. 에릭은 공포에서 벗어날 수 있었다. 청중의 호의를 이끌어 낼 수 있음을 깨달았기 때문이다.

행동으로 옮긴 것의 90%를 기억하는 인간

청중이 당신의 이야기에 적극적으로 참여하도록 유도하라. 청중을 깊이 끌어들이면 끌어들일수록 당신과 청중 간의 벽은 더 빨리 허물어질 수 있다. 이러한 과정이 빨리 진행될수록 청중은 당신이 적대적이지 않으며 두려움도 갖고 있지 않다고 느끼게 되고, 그 결과 당신의 이야기를 훨씬 더 집중해서 듣게 된다.

일반적으로 사람들은 본 것의 20%, 들은 것의 30%, 행동으로 옮긴 것의 90%를 기억한다고 한다. 이것은 청중으로 하여금 더 많은 행동을 하도록 유도한다면, 그들이 더 많은 것을 기억하게 만들 수 있다는 것을 의미한다.

당신이 하게 될 이야기와 당신의 목표에 따라 청중의 참여도를 결정하라. 세일즈나 교육 또는 청중을 선동하기 위해 이야기하는 경우에는 비교적 청중의 참여도가 높은 반면, 감동을 전하기 위한 이야기에는 상대적으로 청중의 참여도가 낮다.

이때 주의할 것은, 청중의 참여도가 소극적이라고 해서 청중이 당신의 이야기에 몰입하는 정도 역시 소극적인 것은 아니라는 점이다. 이 경우에는 청중이 직접 당신의 이야기에 참여하는 것이 아니므로 청중을 이야기 속으로 몰입시키기 위한 노력이 더욱 요구된다. 이야기 도중에 재치 있는 유머로 청중을 사로잡거나, 혹은 청중과 함께 구호를 외치는 등의 행동으로 청중의 주의를 집중시킬 수 있다.

자, 그렇다면 어떻게 청중을 당신의 이야기에 끌어들일 것인가?

청중에게 질문을 잘하는 8가지 비결

청중에게 정보를 전달하는 것은 연사로서 당신의 기본적인 역할이다. 하지만 그렇다고 해서 그들이 정보를 잘 수용했는지 확인하기 위해 청중 모두에게 일일이 그 내용을 확인할 수는 없는 일이다.

청중에게 질문하라. 질문을 하는 것은 청중이 당신이 말하고자 하는 내용을 제대로 이해하고 있는지 확인할 수 있으며 또한 청중을 이야기에 집중하게 만드는 좋은 방법이다. 그들이 더욱 적극적으로 정보를 수용하도록 만들기 위해서는 더 많은 질문을 던져야 한다.

단, 주의할 것이 있다. 당신은 전문가이고, 청중은 당신으로부터 정보를 얻기 위해 모인 것이다. 당신의 질문에 대한 청중 개개인의 대답을 듣기 위해 온 것이 아니라는 것이다. 당신은 청중에게 각각의 질문에 대한 명확한 답을 제시해 주어야 한다.

그렇다면 질문은 어떻게 해야 할까? 실제로 연사들이 어떤 식으로 질문을 해야 할지 몰라 곤혹스러워하는 이들이 많다. 질문을 할 때는 다음의 몇 가지만 주의하면 된다.

방법 1_ 대상자를 지목해서 질문하라

당신이 청중 전체를 대상으로 질문할 때, 청중과 당신이 서로 잘 아는 사이가 아니라면 아무도 대답하지 않는다. 더욱이 자신의 대답이 틀렸을 수도 있다고 생각되는 경우, 자발적으로 손을 들어 대답하는 사람은 거의 없다. 반드시 대상자를 지목해서 질문해야만 대답을 얻을 수 있다.

방법 2_ 같은 질문을 두 사람 이상에게 하라

누군가에게 질문을 했다면, 똑같은 질문을 저만큼 떨어져 있는 다른 누군가에게 반드시 다시 하도록 하라. 그래야만 언제 자신에게 질문이 돌아올지 모르기 때문에, 청중들은 더 열심히 당신의 이야기에 귀 기울이게 될 것이다.

방법 3_ 청중의 답변에 대해 노코멘트로 일관하라

청중이 답변에 대해 "훌륭한 대답입니다" 하는 식으로 토를 달아서는 안 된다. 왜냐하면 틀린 대답을 했을 경우도 있기 때문이다. 틀린 대답을 한 청중에게도 "훌륭합니다"라고 말할 수 있겠는가? 그것이 가능하다 하더라도 모든 사람들의 답변에 대해 무조건 "좋은 생각이에요"라고 하는 것은 좋지 않다. 만일 그랬다가는 당신의 신뢰도는 떨어지고 말 것이다. 따라서 가장 좋은 방법은 청중의 대답에 대해 아무런 코멘트도 하지 않은 채 다음 사람에게 질문을 던지는 것이다.

방법 4_ 항상 정답을 제시하라

청중에게 질문을 던지는 것은 당신과 청중 사이의 벽을 허물고 거리감을 좁히는 데 큰 도움이 된다. 물론 당신은 청중으로부터 뭔가 정보를 얻기 위해 질문을 하는 것이 아니다. 청중이 당신으로부터 정보를 얻기 위해 그 자리에 있는 것이다. 당신으로부터 정보를 얻고자 하는 청중은 질문의 정답을 듣기 위해 귀를 쫑긋 세우고 기다리고 있을 것이다.

방법 5_ 논쟁을 벌이지 마라

절대로 청중과 논쟁을 벌여서는 안 된다. 그 경우 논쟁에 참여하지 않는 나머지 청중은 지루해 할 것이고, 결국 그들은 당신의 이야기에 집중하지 않게 될 것이다.

방법 6_ 질문을 너무 많이 하지 마라

간혹 청중을 이야기에 집중시키기 위해서 계속해서 질문을 던지는 사람들도 있는데, 이것 역시 좋지 않다. 계속해서 질문을 던지다 보면 당신의 이야기는 흐름이 끊기게 되고 청중은 그것을 쫓아가다 지쳐 버린다. 적절한 시기에 강도 높은 질문을 한 번씩 던지는 것이 좋다.

방법 7_ 대답할 수 있는 질문을 하라

질문은 반드시 청중이 대답할 수 있는 수준에서 해야 한다. 구체적이어야 하며 모호해서는 안 된다. 더욱이 청중이 모르는 것을 물어서는 안 된다. 궁지에 몰린 청중은 수치심을 느껴 당신의 이야기에 오히려 집중하지 못할 수도 있다. 결국 당신의 이야기에서 청중을 소외시키는 결과를 낳게 될 것이다.

방법 8_ 대답을 반복해서 들려주어라

당신의 질문에 대해 청중 한 명이 대답했다면, 당신은 그 답변 내용을 모든 청중이 들을 수 있도록 다시 한 번 되풀이해서 말해 주어야 한다. 지금의 상황을 청중이 파악할 수 있게 해 주는 것이다. 이런 자세한 설명은 청중으로 하여금 소외되고 있다는 느낌에서 벗어나게 해 주며, 자신이 생각하고 있는 정답을 말하고자 하는 욕구도 생기게 한다.

청중과 자신을 평준화시킨 클린턴

수동적인 입장에서 당신을 이야기를 듣기만 하는 청중보다는 적극적으로 개입하는 청중과 벽을 허무는 일이 훨씬 수월하다. 단적인 예로 1992년 버지니아 주 리치몬드에서 열렸던 미국 대선 대담 때 있었던 일을 이야기해 볼까 한다.

당시 대담자로는 빌 클린턴Bill Clinton, 로스 페로Ross Perot, 그리고 당시 대통령이었던 조지 부시George Bush가 나섰다. 클린턴은 첫 번째 대담에서는 별로 좋은 평가를 받지 못했다. 변덕쟁이인 데다 정직하지 못하며, 대통령으로서의 자질을 갖추지 못했다는 평가가 일반적이었다. 그러나 페로는 개성이 매우 강했으며, 뜻밖의 말이나 행동으로 사람들에게 깊은 인상을 심어 주었다. 그에 비해 부시는 안정적인 자세를 보여 주기는 했지만 대담을 지루하게 이끌어 갔다. 결론적으로 대담은 페로의 판정승이었다. 부시는 평균점을 받았고, 클린턴은 대통령직을 수행할 만한 인물은 못 된다는 평가를 받았다.

두 번째 대담에서 클린턴은 언론인들이 아닌, 일반 시민들의 질문을 받아 진행하는 '소도시 회담'small town meeting(미국 식민지 시대에 생긴 주민총회로 오늘날에는 공개토론장으로 활용된다)을 제안했다. 멍청한 언론들이 던지는 쓸모없는 질문에 대답하기보다 국민들의 목소리에 귀 기울일 필요가 있다는 것이었다. 그의 주장에 따라 이번에는 공용 갤러리에서 회합을 갖고, 시민 대표로 뽑힌 사람들의 질문에 대해 세 후보가 각자 대답하는 형식의 대담을 했다.

대담은 매끄럽게 진행되었다. 이번에는 대담자들이 훨씬 더 공정한 경쟁을 벌이는 것 같았다. 점잖은 부시는 이때 시계를 자주 들여다보며 초조한 기색을 보였다. 부시의 이런 행동은 청중에게 신뢰를 주지 못했다. 한 청중이 부시 대통령을 정면으로 공격했다.

"대통령께서는 경기 침체가 자신에게 어떤 영향을 미쳤다고 생각하십니까?"

만일 당신이 미합중국 대통령이라면, 이 질문에 대해 어떤 대답을 할 수 있겠는가? 그는 여전히 전과 같은 집(백악관)에 살고 있고, 같은 자동차와 같은 비행기를 타고 다닌다. 여전히 직원을 채용하고 있으며 똑같은 월급을 받고 있다. 부시 대통령은 질문에 대한 대답을 찾느라 우물쭈물했고, 그 순간 그는 패배하고 말았다.

클린턴에게는 이것이 절호의 기회였다. 자신과 청중을 평준화시킬 줄 알았던 그는 질문에 답하기 전에 두 가지 행동을 취했다.

우선, 그는 질문자 쪽으로 걸어가면서 질문자에게 되물었다.

"당신의 질문에 대답하기 전에, 미안하지만 경기 침체가 당신에게는 어떤 영향을 미쳤는지 먼저 말씀해 주시겠습니까?"

이 질문을 클린턴에게 3가지 이점을 주었다. 첫째, 이 광경을 지켜보던 모든 사람들로 하여금 경기 침체가 자신에게는 어떤 영향을 미쳤는지 생각하도록 만들었다. 둘째, "미안하지만 당신에게는……"이라고 말함으로써 지켜보던 모든 사람들로 하여금 클린턴이 대중에게 관심을 갖고 있다고 생각하도록 만들었다. 셋째, 질문자를 향해 걸어가는 동작을 취함으로써 클린턴은 자신과 청중(이 경우 텔레비전으로 지켜보던 시청자도 포함된다) 사이의 벽을 허물 수 있었다.

이 짧은 질문과 작은 행동은 클린턴의 이미지를 크게 바꿔 놓았다. 그는 청중과 텔레비전을 지켜보던 시청자들에게 국민을 진정으로 생각하는 사람으로 비쳤으며, 마침내 미합중국 대통령직을 수행할 수 있는 후보로 인정받게 되었다.

질문자의 대답이 어떤 것이었는가는 중요치 않다. 중요한 것은 클린턴이 청중으로 하여금 경기 침체에 대해 생각해 볼 수 있도록 만들어 줬다는 점이다. 클린턴은 질문에 대해 이렇게 답했다(연사가 질문에 답해 줘야 한다는 점을 잊지 마라).

"경기 침체가 저에게 어떤 영향을 미쳤는지 말해 볼까요?"

그는 길게 늘어선 미합중국 실업자들의 대열과 부랑자들을 보면서 몹시 당혹스러웠다고 이야기했다. 그러고 나서 자신이 미국을 위해 세워 놓은 계획을 들려주었다. 미국인들의 마음을 사로잡은 그는 이제 모두의 눈에 진실한 사람으로 보였다. 그는 대선전에서 계속 승승장구하더니, 마침내 미합중국의 대통령이 되었다.

적대적인 질문을 활용해 목표를 재강조하는 방법

많은 사람들 앞에서 이야기하는 경우 대부분의 사람들이 가장 두려워하는 것은 '내가 모르는 것에 대해 질문하면 어쩌나' 하는 것이다. 당신이 모든 것을 알아야 한다는 생각에서 벗어나라. 만일 잘 모르는 질문을 받게 된다면 간단하게 이렇게 답하면 된다.

"그 문제는 정확히 모르겠군요. 그러나 한번 연구해 보겠습니다. 연락처를 주시면, 질문에 대한 답을 찾아 연락드리도록 하겠습니다. 누구 다른 질문하실 분 없으십니까?"

더 심한 경우도 있을 수 있다. 누군가가 난처한 질문을 던져 청중의 반응을 싸늘하게 만들어 버리는 것이다. 이런 상황을 현명하게 헤쳐 나가지 못한다면, 당신은 이야기를 훌륭하게 마무리했을지라도 청중으로부터 외면당하고 힘겹게 얻은 모든 것을 잃어버릴 수도 있다. 그렇다면 이 상황을 어떻게 극복해야 할까?

우선 현재의 상황과 당신의 목표 사이에 어떠한 상관관계가 있는지 살펴보라. 그리고 난 뒤 당신의 목표를 한 번 더 되뇌어 보라.

예를 들어, 당신이 모피 착용을 반대하는 연설을 했다고 가정해 보자. 동물의 생태계를 위협할 수 있으므로 모피를 착용해서는 안 된다는 것이 당신의 생각이다. 또 외모를 꾸미기 위해 동물을 죽이는 행위도 도덕적으로 용납할 수 없다.

당신은 모피 착용을 반대하는 연설을 매우 훌륭하게 마쳤다. 그런데 갑자기 한 사람이 번쩍 손을 들었다. 어떻게 할까? 질문을 받는 일은 예정에 없었다. 하지만 당신은 절대 그 사람을 무시해 버릴 수가 없다. 강연장에 모여 있는 모든 사람들이 모두 그 사람이 손을 들었음을 알고 있으며, 그중에는 "질문 있대요"라고 말해 주는 사람도 있다. 결국, 당신이 취할 수 있는 첫 번째 방법은 그에게 질문할 기회를 주는 것이다.

"당신도 육식은 하겠지요?"

그는 고기를 먹기 위해서는 동물을 죽이면서, 몸을 따뜻하게 하기 위해 동물을 죽이는 일에는 어떻게 다른 도덕적 잣대를 적용할 수 있는지 캐물을 것이다. 어떻게 대처할 것인가? 물론 거짓말을 해서는 안 된다.

우선은 그의 질문에 대답해 주어야 한다. 그러나 대답한 즉시 당신의 목표로 돌아와, 당신의 의견을 뒷받침해 줄 수 있는 날카로운 이슈들을 다시 한 번 반복한다. 이런 행동은 여러 가지 면에서 당신에게 긍정적인 효과를 가져다준다.

첫째, 청중의 질문에 답할 수 있다.

둘째, 청중의 관심을 다시 당신이 처음 목표했던 곳으로 되돌릴 수 있다.

셋째, 핵심 사항을 되풀이함으로써 당신의 의견을 다시 한 번 강조할 수 있다.

예를 들어 당신은 이렇게 말할 수 있다.

"물론, 저도 육식을 합니다. 그러나 오늘 제가 여러분에게 말씀드리고자 하는 것은 모피 산업이 얼마나 비도덕적이며 잔인한가 하는 것이었습니다. 저는 야생과 판이한 환경 속에서 동물을 사육하는 농장을 전부 폐쇄해 버리자고 주장하는 것이 아닙니다. 다만 멸종 위기에 처해 있는 동물들의 씨를 말려 버리는 행위를 그만두자는 겁니다. 저는 이미 아무런 방어 능력도 없는 동물들에 대한 학살 행위를 포함한 5가지의 야만 행위를 지적한 바 있습니다. 네, 그것은 말 그대로 '야만'입니다. …동물을 포획하는 데 어떤 방법이 사용되고 있는지 비디오를 통해 보여 드렸고, 또 설명도 해 드렸습니다. 함정에 빠진 동물들은 목숨이 끊어질 때까지 오래도록 고통받아야 하며, 덫에 걸린 동물들은 빠져나가려고 버둥거릴수록 더욱 더 꼼짝 못하게 됩니다. 저는 몽둥이에 맞아 죽어 가는 새끼들을 바라보는 어미 바다표범의 아픔을 얘기했습니다. 아무리 동물이라도 어떻게 그런 모습을 보면서 아무렇지 않을 수 있겠습니까? 어떻게 마음에 고통을 느끼지 않을 수 있겠습니까? 더욱이 어미 바다표범은 새끼들을 엄청나게 애지중지하며 키웁니다. 사냥꾼들의 손에 잡혀 머리통이 깨져 죽을 때까지 몽둥이세례를 받는 새끼들을 보면서 울부짖는 어미의 탄식을 들어 보십시오. 모피업자들에게 피해를 입힐 수 없다는 단순한 이유 하나만으로 이러한 동물 학살이 용납될 수 있을까요?"

질문에 대한 당신의 답변이 어떤 변화를 일으켰는가? 당신은 질문에 대답하면서 당신이 원래 목표했던 대로 청중의 관심을 집중시킬 수 있었다. 즉 청중이 다시 당신 곁으로 돌아왔음을 의미하는 것이다. 만일 누군가 당신의 주장에 반대하는 질문을 한다면 당신은 위에 적용했던 것과 같은 규칙을 활용할 수 있다.

첫째, 질문에 대답한다.
둘째, 어떻게 하면 다시 목표를 향해 돌아갈 수 있을지 자문해 본다.
셋째, 대답하면서 당신의 목적이 무엇인지를 다시 한 번 말한다.
넷째, 당신의 주장을 뒷받침해 줄 수 있는 주요 쟁점을 반복한다.

당신은 청중이 동의한다는 의미로 머리를 끄덕여 주기를 바랄 것이다. 그렇게 하도록 만들 수 있는 유일한 사람은 바로 당신이다.

청중 앞에서 이것만은 반드시 피해라

1_ 억지 농담은 하지 마라

시중에 나와 있는 화술과 관련된 책들의 대부분은 농담이 썰렁

한 분위기를 일시에 바꾸어 버릴 수 있는 방법이라고 말한다. 하지만 농담은 청중의 집중력을 깨뜨릴 수 있으며, 오히려 분위기를 더욱 썰렁하게 만들 위험이 있다.

당신에게 유쾌한 농담으로 사람을 이끄는 기술이 있다고 하더라도 강연 중에는 농담을 하지 않는 것이 좋다. 더욱이 당신이 던진 농담을 청중이 제대로 이해하지 못하는 경우 최악의 상황을 불러올 수도 있음을 명심하라. 청중이 마지못해 예의상 웃어 주고 있다면, 그건 청중에게도 고역이지만 당신에게도 부끄러운 일이 된다.

그렇다고 해서 전혀 유머를 사용하지 말라는 것은 아니다. 유머는 강연에 윤기를 더해 준다. 감동을 선사하기도 한다. 당신의 이야기를 빛나게 하며, 당신과 청중 사이의 벽을 쉽게 허물 수 있다. 농담을 하더라도 순간순간 떠오르는 재치 있는 농담으로 상황을 자연스럽게 이끌어 가는 것이 중요하다.

2_ 연민을 자극하지 마라

비극적인 내용은 그것이 사실일지라도 피해야 한다. 자칫 위험한 결과를 낳을 수 있기 때문이다. 언젠가 세미나에 간 적이 있었는데, 연사가 갑자기 "작년에 우리 딸애가 세상을 떴을 때……"라는 말을 꺼냈다. 물론 연사의 딸이 세상을 뜬 것은 슬픈 일이다. 그러나 그것은 그가 하고자 하는 이야기와 직접적인 연관이 없었을 뿐만 아니라, 그 말을 듣는 순간 청중의 분위기 역시 위축되었다. 연민을 자극하는 일은 추도식에서나 할 일이다.

3_ 깜짝 놀라게 하거나 무섭게 만들지 마라

당신의 목표 중 하나는 바로 청중을 사로잡는 일이다. 만일 청중을 사로잡지 못하면, 그들은 당신이 이야기를 하는 도중이라도 각자 다른 생각에 빠져 버릴 것이다.

간혹 연사 가운데 청중을 깜짝 놀라게 하여 그들을 강연에 집중시키려고 하는 사람들도 있다. 하지만 이것은 오히려 연사에 대한 신뢰감만 줄어들게 할 뿐이다. 만일 그럴 생각이라면 그 결과에 대한 대비책까지 생각해 놓아야 한다. 단, 다른 사람을 선동하기 위해 이야기하는 경우라면 이 방법으로 효과를 볼 수도 있다.

4_ 혼자만 떠들지 마라

청중도 당신의 강연에 참여하게 하라. 청중을 적극적으로 참여시킬수록 그들은 강연 내용을 더 잘 기억하게 되며, 결국 당신의 목표도 더 쉽게 이룰 수 있다. 강연의 주제가 어려운 것이라면 강연하는 중간 중간에 자주 청중에게 질문을 하거나, 슬라이드를 보여 주는 등 청중이 지루해하지 않도록 배려해야 한다. 지속적으로 사실만 주입되는 일에는 청중이 쉽게 지루해 한다는 것을 명심하라.

5_ 청중을 지루하게 만들지 마라

진부한 문구만 계속해서 늘어놓는다면 청중은 더욱 지루해 할 것이고 강연에 집중하지 못하게 된다. 결국 강연이 끝난 후에는 무슨 내용을 들었는지 기억조차 못할 것이다.

6_ 전문 용어나 약어를 남발하지 마라

전문 용어나 약어를 남발하면 청중은 이야기의 내용을 이해할 수 없다. 청중의 유형을 제대로 파악하라. 청중의 유형을 파악하고 그에 따라 강연의 수준을 결정하면 이런 일은 사전에 방지할 수 있다. 일부 청중이 당신 말을 알아듣는 것처럼 보인다고 해서 모든 청중이 당신이 사용하는 전문 용어나 약어를 이해할 것이라고 단정해서는 안 된다.

한번은 '독립적 위상PI' 이론을 강연하는 중에 이런 일이 있었다. 청중이 'PI'를 '독립적 위상'으로 이해한다고 단정한 나는 얼마 동안 계속해서 PI라는 약어를 사용하였다. 그런데 강연 시작 후 20여 분이 지나서야 한 여성이 손을 들더니 도대체 PI가 뭐냐고 질문했다. 청중이 약어를 이해할 것이라는 나의 섣부른 판단이 소중한 20분을 허비하게 만든 것이다. 결국 나는 처음부터 다시 설명해야만 했다.

7_ 비교 대상도 없는 통계 자료를 운운하지 마라

통계 자료가 당신 생각에는 그럴듯해 보일지 모르지만, 청중에게는 무의미한 것일 수도 있다. 통계 자료는 청중이 알고 있는 내용과 비교하기 위해서만 사용해야 한다. 예를 들어 단순하게 "흡연자의 50%는 암에 걸릴 확률이 높다고 합니다"라고 말하기보다는 "여러분들이 알고 있는 흡연자 중 절반이 암에 걸릴 수 있다는 것입니다. 50%라는 수치는 정말 엄청나지 않습니까?"라는 말을 덧붙임으로써 의미를 훨씬 구체화시킬 수 있다.

항상 다음에 나오는 내용과 비교해 보자. 구어체 원고 작성법을 활용하다가 수치가 나오는 경우, 서로 다른 방법으로 같은 수치를 여러 번 반복해 주면 더욱 효과적이다.

"우리 회사는 환경 보호를 위해 5억 달러를 투자하기로 했습니다."

이 문장을 다음과 같이 수정한다면 의미를 훨씬 더 강조할 수 있다.

"우리 회사는 환경 보호를 위해 5억 달러를 투자하기로 했습니다. 이는 환경 보호를 위해 5,500억 원 이상을 투자하는 것입니다. 정말 엄청난 금액이지요."

같은 수치를 서로 다른 방법으로 반복해 줌으로써 결국 두 번 언급한 셈이 되었다. 그리고 이렇게 반복하여 말해 줌으로써 그 수치는 더 큰 의미를 갖게 된다. 회사가 환경 보호에 엄청난 금액을 투자한다는 사실을 청중에게 알리는 동시에, 회사의 투자 사실은 훨씬 더 비중을 얻은 것이다. 5,500억 원이라는 표현은 5억 달러라는 표현보다 훨씬 많아 보인다.

8_ 자리 이동을 너무 많이 하지 마라

자리를 이동하면서 강연하는 것이 청중을 선동하거나 청중과의 거리를 좁히는 데 도움이 된다는 이야기가 있다. 실제로 많은 사람들이 그렇게 믿고 있다. 그러나 강연 도중에 너무 자주 단상으로 올라갔다 내려갔다 할 경우, 청중은 당신을 따라잡으려다가 지치고 만다. 결국 당신이 바라는 효과를 얻을 수 없게 되는 것이다.

3
말하기가 쉬워지는 원고 작성법

당당하고 자신 있게 말하기 위한 시작

 무엇을 말할 것인지 미리 생각하고 당신의 이야기를 들을 사람들까지 파악했다 하더라도 많은 사람들 앞에서 이야기하는 것은 떨리는 일이다. 대부분의 경우 사전에 아무리 치밀하게 준비해도 나를 향한 수많은 눈동자를 보는 순간, 준비한 것을 잊어버리기 일쑤이다.
 원고는 이런 일에 대비하기 위해 필요하다. 이야기의 순서를 생각하고 어떻게 구성할 것인지 계획한 후 구체적으로 원고를 작성한다면, 많은 사람들의 시선에도 떨지 않고 당당하고 자신 있게 자신의 생각을 이야기할 수 있다. 그리고 말이 막히더라도 원고의 도움을 받아서 이야기를 계속할 수 있기 때문에, 다른 사람들 앞에서 말하는 것에 대한 두려움을 상당 부분 덜 수 있다.

원고를 작성하는 일은 당신이 당당하고 자신 있게 말하기 위한 시작이다.

세련된 어휘는 필요 없다

원고를 쓰는 일은 생각보다 어렵다. 일단 글을 써야 한다는 자체가 부담스러운 일이다. 글을 쓸 때는 문법적 오류가 없어야 하고 앞뒤 논리가 정연해야 한다는 생각이 들기 때문이다. 하지만 이야기를 이끌어 가기 위한 원고 작성은 일반 글쓰기와는 다르다. 말로 하는 것을 전제로 하는 만큼 일반적인 글쓰기보다 훨씬 편하고 부담 없어야 한다.

원고를 쓸 때 당신의 어휘가 세련되지 못하다는 생각으로 불안해지거나 자신 없을지도 모른다. 하지만 중요한 것은 청중이 당신의 이야기를 얼마나 잘 이해하고 따라올 수 있는가 하는 것이다. 당신이 선택한 어휘가 간결하면 간결할수록 청중도 그만큼 쉽게 이해할 수 있을 것이다.

정말 위험한 것은 알아들을 수 없는 어휘를 사용함으로써 청중이 듣는 것을 포기하게 만드는 일이다. 일단 청중이 듣기를 포기해 버리면, 당신은 결코 그들에게 메시지를 전달할 수 없다. 또한 당신이 뭔가를 읽다가 이해되지 않는 부분이 있다면 그 부분을 다시 한 번 읽어 볼 수 있다. 그러나 당신의 이야기를 듣는 청중에게 이런 일이 생긴다면, 그건 이미 흘러간 물이다.

당신의 생각을 효율적으로 전하기 위해서는 다른 방법을 익혀야 한다. 즉 어떻게 하면 청중이 보다 쉽게 이해하고 기억하게 만들 수 있는가를 배워야 한다. 이것을 위한 가장 기본적인 방법은 원고를 쓸 때 구어체, 즉 말하듯이 쓰는 것이다.

짧고 간결하게 쓰고 몇 번이고 반복해라

다음 원고를 한번 살펴보자.

EQ란 무엇인가?

제1차 세계대전 이래로 교육의 기초는 지능지수 IQ였다. 학생들의 잠재된 지적 능력은 언어 능력과 수학 능력을 평가하는 테스트, 즉 IQ 테스트를 통해 평가되곤 했다. IQ 테스트 결과가 뛰어

나면 '천재'라는 타이틀이 붙여졌고 그다음부터 수재, 영재, 보통, 보통 이하 등으로 등급이 매겨졌다.

　일단 IQ가 '재' 자가 붙는 범위 안에 들면, 사람들은 그 주인공이 무엇이든 평균 이상으로 잘할 것이라고 기대하고 동시에 그의 인생은 성공적일 것이라고 예상한다. 이에 비해 '보통' 혹은 '보통 이하'의 결과가 나온 사람들의 인생은 그다지 기대할 것이 없다고 생각한다.

　그러나 실제로는 '보통' 혹은 '보통 이하'의 IQ를 지닌 사람들의 상당수가 성공적인 삶을 살았는가 하면, 천재와 수재의 범위에 들었던 사람들이 오히려 평범한 삶을 산 경우가 많은 것으로 조사되고 있다. 이제 새로운 질문이 제기된다. IQ로 인간의 잠재 능력을 제대로 가늠할 수 없다면, 과연 무엇으로 그것을 알 수 있을까?

　1983년, 하버드대학교 교육대학원의 심리학 교수였던 하워드 가드너 Howard Gardner 는 인간의 지적 능력에 대한 단순화된 평가 기준에 대해 반대 의견을 제시했는데, 그는 인간의 지적 능력을 구성하는 다양한 요인이 존재한다고 주장하면서 10여 년에 걸친 연구 결과 인간에게는 두 가지 중요한 지능이 잠재한다는 결론을 도출해 냈으며, 이 두 가지 지능이란 '인간 간의 지능' Interpersonal intelligence 과 '인간 내의 지능' Intrapersonal intelligence 을 말한다. 인간 간의 지능은 다른 사람을 이해하는 능력이고, 인간 내의 지능은 자기 자신과 타인의 감정을 이해하는 능력이다.

가드너는 "IQ 160인 사람들과 IQ 100인 사람들이 같이 일할 수도 있는데, IQ 160인 사람은 인간 간의 지능이 낮고, IQ 100인 사람은 높은 경우에 가능한 일이다. 오늘날에는 단순한 지능보다는 인간 간의 지능이 훨씬 더 중요하다. 만일 이것이 떨어진다면 '누구와 결혼을 할 것인가' '어떤 직장을 선택할 것인가' 등의 문제에서 잘못된 선택을 하기 쉽다"고 말한다.

예일대학교의 심리학자인 피터 살로베이Peter Salovey는 가드너의 견해를 더욱 발전시켜, 감성이 인간 간의 지능과 인간 내의 지능에 미치는 영향을 연구했다. 이 연구는 심리학사에 매우 중요한 이정표가 되었는데, 그것은 인간이 올바른 선택을 내리는 데 감성이 중요한 역할을 담당하고 있음을 밝혀냈기 때문이다. 이렇게 해서 감성지수EQ가 탄생한 것이다.

감성지수가 높은 사람들은 인간관계를 부드럽게 잘 이끈다. 그들은 사교적이고 행복하다고 느끼며 자신의 감정을 적절하게 표현할 줄 안다. 그들은 나름의 인생관을 갖고 있으며, 쉽게 타인과 어울리고 리더십이 발달되어 있다.

EQ와 관련하여 가장 새로운 사실은 그것이 늘 같은 수준으로 지속되는 것이 아니라, 살면서 경험을 통해 변화한다는 점이다.

즉 EQ는 계발될 수 있다는 것이다. 살로베이는 EQ의 측정하는 근간을 스스로의 감정을 이해하고 조절·유발하는 것과 타인의 감정을 파악하고 상호 관계를 조절하는 등의 다섯 영역으로 나누었다.

이것은 아주 훌륭하게 작성한 글이다. 하지만 친구에게 위의 글을 한 번 읽어 준 다음, 그 내용에 대해 질문해 보라. 아마 거의 이해하지 못하고 있을 것이다. 위의 글을 한 부 복사해서 친구에게 준 후, 당신이 읽는 동안 친구가 눈으로 인쇄물을 따라 읽도록 해 보라. 그래도 결과는 마찬가지일 것이다. 당신이 질문을 시작함과 동시에 친구는 들었던 내용의 대부분을 잊고 만다. 그것은 위의 글이 말하기 위해 쓰인 것이 아니기 때문이다.

친구에게 다음 질문을 해 보자.

- EQ와 IQ의 차이점은 무엇인가?
- 전통적인 지능지수 평가에 대해 최초로 반기를 든 심리학자는 누구인가?
- 언제 이런 일이 처음 발생했는가?
- 인간 간의 지능과 인간 내의 지능의 차이점은 무엇인가?

- 세상을 살아가기 위해 가장 중요한 것은 무엇인가?
- 예일대학교의 심리학자는 누구인가?
- 그는 논지에 어떤 점을 추가했는가?
- 감성지수의 근간을 이루는 다섯 개 영역은 어떤 것들이 있는가?

만일 당신의 질문을 받은 친구가 모든 질문에 대해 완벽하게 답했다면 그것은 무척 놀라운 일이다. 나는 지금까지 수년간 연수 교육을 담당했지만, 단 한 번도 완벽하게 대답한 사람을 본 적이 없다.

위의 글을 이야기하기 위한 원고로 작성해 보자. 말로 표현되기 위해 작성된 원고는 청중이 강연을 쉽게 이해하고 기억할 수 있도록 도와준다. 그렇다면 이것은 어떻게 작성해야 할까?

1_ 문장은 짧고 간결하게

EQ와 관련된 앞의 글을 읽다 보면 네 번째 단락의 첫 문장이 매우 길 뿐 아니라, 그 속에 매우 많은 내용들이 포함되어 있다는 것을 알 수 있다. 그 문장 속에는 다음의 내용들이 모두 포함되어 있다.

- 심리학자의 이름
- 그가 새 이론을 발표한 연도

· 그가 몸담고 있는 대학교
· 그가 무엇에 반기를 들었는가?
· 그의 연구 결과 밝혀진 사실은 무엇인가?

이 5가지 정보는 청중 입장에서는 반드시 듣고 기억해 두어야 하는 핵심적인 내용이다. 하지만 문제는 기억해야 할 내용이 너무 많다는 것이다. 이 내용들을 아래와 같이 풀어서 말한다면 훨씬 기억하기 쉬울 것이다.

50여 년간 이 이론은 전혀 도전받지 않았습니다. 1983년에 하버드대학교 교육대학원의 한 심리학자가 마침내 입을 열었습니다. 그의 이름은 하워드 가드너였습니다.

그는 이런 관점에 대해 이견을 제시했습니다. 여러분들은 이 관점이 — 들어 본 적이 있으시지요? — 돌에 새긴 듯 확고부동한 것이었다는 점을 아셔야 합니다. 그야말로 바위처럼 단단한, 부동의 이론이었지요. IQ가 인간의 잠재 능력을 가늠할 수 있는 가장 효율적인 측정 방법이라는 데 감히 이견을 제시하는 사람은 주변 동료들의 비웃음을 사기에 딱 알맞았습니다.

그런데 그때 하워드 가드너가 "아닙니다. 지능을 형성하는 데 단 하나의 요인만 있을 수는 없습니다. 더 많은 요인이 있는 게 틀

림없습니다"라고 말했던 겁니다. 그리고 실제로 가드너는 인간의 지능은 한 개의 요인이 아닌, 두 개의 요인으로 이루어져 있다는 결론에 도달하게 되었습니다. 따라서 인간의 지능을 정확하게 측정하기 위해서는 지능의 서로 다른 양태를 인지할 수 있는 측정 방법이 필요하게 되었습니다. 그로 인해 전통적인 IQ 측정법은 사라지게 된 것입니다.

가드너는 이 두 가지 요인의 지능을 인간 간의 지능과 인간 내의 지능으로 구분했습니다.

앞에서 본 하나의 긴 문장이 짤막한 12개의 문장으로 바뀌었고, 전체 길이는 원문보다 4배쯤 늘어났다. 그러나 중요한 것은 훨씬 알아듣기 쉽고 이해하기도, 기억하기도 쉬워졌다는 사실이다.

2_ 일상적인 단어를 사용하라

지나치게 틀에 박힌 단어를 사용하거나, 문법에서 한 치도 벗어나지 않는 정확한 표현만을 사용한다면 청중에게 경직된 느낌을 줄 수 있다. 또한 지나친 압박감마저 주게 되어 청중의 입장에서는 이해하거나 따라가기 쉽지 않게 된다. 결국 청중은 듣는 것을 포기해 버리고 말 것이다.

그러나 일상적인 단어와 표현을 사용하여 말한다면 반대 현상이 일어난다. 일상적인 표현을 사용하는 편이 청중이 이해하기도 쉽고 따라가기도 쉽기 때문이다.

일상적인 단어를 사용해 말하는 가장 쉬운 방법은 '그리고' 혹은 '그런데' 등의 접속사로 시작하는 것이다. "그렇다면 이것이 왜 그토록 중요한지 다시 한 번 말씀드리겠습니다" 또는 "그런데 전에도 말씀드렸다시피, 이것이 반드시……" 하는 식으로 말이다.

문장 중간에 잠시 쉴 때도 정확하게 문장 부호에 근거해서 쉴 필요는 없다. 그보다는 적절한 시점에서 잠시 쉬어 가도록 하라.

'위츠&어소시에이츠 사의 연수 프로그램은 다른 업체들과 달리 무엇 하나도 놓치지 않으므로 당신에게 좋은 결과를 가져다줄 것입니다'라는 문장을 말하고자 한다면, 다음과 같은 일상적인 표현으로 바꿔 말하는 식이다(쉬는 부분에 / 표시를 했다).

우리 회사의 연수 프로그램은 당신에게 도움이 될 것입니다. / 왜냐고요? / 위츠&어소시에이츠 사는 그 무엇 하나도 놓치지 않기 때문이지요. / 우리는 항상 기본을 중요시합니다. / 유감스럽게도 다른 업체들은 곧잘 이를 간과하는 실수를 저지르지요. / 당신에게는 기본이 필요합니다. / 탄탄한 토대가 없이 어떻게 당신 자신을 지탱할 수 있겠습니까?

특히 모국어가 아닌 다른 나라의 말로 사람들 앞에서 이야기하는 경우에, 열심히 설명했는데도 청중이 이해하지 못해 난처한 경우가 많다. 그것은 일반적으로 외국어를 익힐 때 정확한 문법에 준해 교과서적인 표현 위주로 배우기 때문이다. 그래서 실제 상황에서 그동안 배운 표현을 사용해 이야기하다 보면 원활한 의사소통에 어려움을 겪게 되는 것이다.

그러나 이때도 방법은 있다. 평소에 외국의 방송이나 신문 등을 많이 접해 일상적인 표현들을 익혀 둔다면, 다른 나라 사람들 앞에서 이야기하는 일이 한결 수월해질 것이다. 또한 이 경우에도 말하듯이 쓰는 원고 작성법을 익혀 두는 것이 큰 도움이 될 것이다.

3_ 반복하여 이야기하라

당신이 무슨 말을 언제 했는지 청중이 기억하는 것은 매우 중요하다. 하지만 이것은 매우 어려운 일이기도 하다. 글을 읽을 때는 이해되지 않는 부분이 있다면 되돌아가 한 번 더 읽을 수 있지만 말로 하는 경우에는 일단 말하고 나면 그것으로 끝이기 때문이다. 말하는 그 순간에 청중이 당신의 말에 집중하지 않았다면, 그들은 그 내용을 놓치고 마는 것이다.

따라서 많은 사람들 앞에서 말할 때는 반드시 반복하여 말해야 한다. 중요한 부분이라면 당신이 원하는 만큼 여러 번 반복할 수 있다. 일반적으로 서너 번쯤 같은 내용을 반복하는 것이 가장 효과적이다. 앞에서 예로 든 EQ 관련 원고를 다시 반복하여 이야기하고 있음을 알 수 있을 것이다.

50여 년간 이 이론은 전혀 도전받지 않았습니다. 1983년에 하버드대학교 교육대학원의 한 심리학자가 마침내 입을 열었습니다. 그의 이름은 하워드 가드너였습니다. 그는 이 관점에 대해 이견을 제시했습니다. 여러분들은 이 관점이 ― 들어 본 적이 있으시지요? ― 돌에 새긴 듯 확고부동한 것이었다는 점을 아셔야 합니다. 그야말로 바위처럼 단단한, 부동의 이론이었지요. IQ가 인간의 잠재 능력을 가늠할 수 있는 가장 효율적인 측정 방법이라는 데 감히 이견을 제시하는 사람은…….

4_ 단계별로 내용을 제시하라

청중이 당신이 말한 내용을 들으면서 동시에 정리할 수 있게 해 주는 것도 좋은 방법이다. 그러기 위해서는 단계별로 내용을 제시하는 것이 좋은데, "4단계"라든지 "그중 제1단계는……" "제2단계는……" "이제 각 단계에서 얻을 수 있는 이점을……" 같은 표현이 그 대표적인 예이다.

이런 표현은 청중이 당신의 이야기를 들으면서 동시에 그 내용을 체계적으로 정리할 수 있게 해 주며, 내용에 대한 이해도 높일 수 있도록 도와준다.

5 연결형 표현을 사용하라

'그런데' '앞에서도 말했듯이'와 같은 연결용 표현을 사용한다. 청중이 들으면서 앞에서 말했던 내용을 다시 한 번 떠올리게 되므로 당신이 말하는 내용을 더 오래 기억할 수 있게 된다.

6 질문하라

당신이 질문을 많이 던질수록 청중은 더 많은 내용을 기억하게 된다. 질문은 한 명의 청중을 대상으로 하는 직접적인 형식의 것도 좋고, 아니면 질문을 한 뒤 당신이 직접 대답하는 형식도 좋다. 하지만 가장 효과적으로 내용을 전달할 수 있는 것은 주로 청중에게 질문하고, 가끔 한 번씩만 당신이 대답하는 것이다.

이 규칙에 따라 원고를 쓰다 보면, 당신은 원고를 쓰는 일이 생각보다 쉬운 일임을 깨닫게 될 것이다. 하지만 이때 소홀히 하기 쉬운 것이 바로 '무엇을 이야기하고자 하는가'이다. 이야기하고자 하는 핵심이 빠져 있다면 아무리 원고 작성을 잘해서, 청중을 이해시켰다고 해도 당신이 본래 의도했던 결과가 나오기 어려울 것이다.

  또한 중요한 것은 당신이 이야기하고자 하는 내용에 따라 원고 작성 방법이 달라져야 한다는 것이다. 세일즈를 위해 많은 사람들 앞에서 이야기하는 경우라면 설득력 있는 원고를 써야 할 것이고, 공식적인 자리에서 많은 사람들에게 감동을 전하기 위한 경우라면 감동적인 원고를 써야 할 것이다. 가르침을 전하기 위한 경우에는 교육적이면서도 감동적이어야 하고, 다른 사람의 행동을 촉구하려면 다소의 과장도 섞어 가며 설득력 있고 감동이 넘쳐 나도록 이야기해야 한다. 또 사실을 있는 그대로 설명하는 경우에도 역시 교육적이어야 한다.

  끝으로 명심해야 할 점은 청중의 특성을 파악하고 그 수준에 맞는 단어를 사용해야 하며, 어느 정도 선까지 청중을 참여시킬 것인지도 정해야 한다는 것이다.

말하기가 쉬워지는 원고 작성 사례 1

다음 글은 어느 보고서에 수록된 내용의 일부이다.

성공적인 화술 계발을 위한 4단계

1단계 **제대로 된 연수 회사를 찾아라**

그곳에서 무엇을 얻을 수 있는지 충분한 시간을 들여 생각하라. 성공적인 화술 계발을 위해서는 많은 시간을 투자해야 한다. 단기 연수에서 얻을 수 있는 지식들은 일시적인 것이기 때문에 여기에 너무 의존해서는 안 된다.

2단계 **당신에게 맞는 연수 프로그램을 찾아라**

당신에게 불필요한 부분을 계발하는 데 많은 돈을 낭비하지 않도록, 정말 필요한 것만을 정확하게 집어내야 한다.

3단계 **연수 과정을 잘 이해해야 한다**

연수 과정에서 가장 중요한 것은 의식적으로 자신의 목표를 기억해야 한다는 것이다. 열심히 참여하고, 질문하고, 또 정답을 찾아내야 한다. 늘 마음속에 목표를 되새기고, 그 목표를 이루기 위해 앞으로 나아가야 한다. 그렇지 않으면 쉽게 포기하게 된다.

4단계_ 응용해야 한다

이제 당신은 배운 것을 응용할 준비가 되어 있다. 매일 얼마나 발전했으며, 어떤 부분에서 발전이 미진했는지를 확인한다. 스스로에게 질문을 던져 보라. 행동의 결과는 무엇이며, 불가능했던 일은 무엇인가? 만일 당신의 하루가 만족스러웠다면, 그날 무슨 일을 어떻게 했는지 기록해 두라. 이런 행동이 당신의 화술을 강화시키는 데 도움이 될 것이다. 그리고 실전에 응용하라.

앞의 두 단계의 구어체 원고로 다시 써 본다면, 다음과 같이 될 것이다.

성공적인 화술 계발을 위한 4단계의 구어체 원고 작성법

여러분, 안녕하십니까? 오늘은 당신의 화술이 어떤지 살펴보고, 화술을 계발하기 위해서는 어떻게 해야 하는지 생각해 보고자 합니다. 먼저 이를 4단계로 나누어 설명하겠습니다.

제1단계는 제대로 된 연수 회사를 찾는 일입니다. 요즘은 연수 회사도 너무 많고, 다들 자기네 회사가 다른 회사보다 고객에게 더 많은 도움을 준다고 주장합니다. 그렇다면 당신에게 맞는 연수 회사를 찾아내기 위해 당신이 할 수 있는 일은 무엇일까요? 그 연수 회사의 장점이 무엇인가를 생각해 보는 것입니다. 그러기 위해 더 많은 시간이 걸리더라도 상관없습니다. 서로를 비교해 보십시오. 그리고 어느 회사가 나한테 잘 맞을까 생각해 보십시오.

또 한 가지 중요한 것은, 화술 연수는 장기간에 걸쳐 이루어져야 한다는 것입니다. 당신의 화술을 하룻밤 새에 개선시키는 것은 불가능합니다. 따라서 하루 코스 혹은 짤막한 단기 세미나에 너무 의존하지 마십시오. 화술 연수에는 어떻게 하면 훨씬 더 효율적인 대화를 나눌 수 있을까 하는 방법도 포함되어 있습니다. 이는 시간과 실전 연습을 요하는 부분입니다. 당신의 화술이 언제까지, 어떻게 향상되어야 한다는 식으로 한계 날짜를 못 박지 마십시오. 어차피 당신이 노인이 되어 버릴 만큼 많은 시간이 걸리지는 않을 겁니다. 제1단계가 자신에게 맞는 연수 회사를 찾아내는 일인 만큼……

제2단계는 당신에게 맞는 연수 프로그램을 모색하는 일입니다. 쓸데없이 시간을 낭비하는 일은 당신이 꼭 피하고자 하는 일 중 하나일 것입니다. 많은 사람들이 연수 프로그램을 시작하고 나서야, 프로그램 자체에는 모든 것이 포함되어 있지만 자신이 필요로 하던 바로 그 프로그램이 아니라는 사실을 깨닫곤 합니다. 이런 일은 당신에게 적절한 프로그램을 제공해 줄 수 있는 연수 회사를 찾아냄으로써 미연에 방지할 수 있을 겁니다.

여러분 중 연수 회사에서 교육받아 본 분 계십니까? 결과는 어땠습니까. 조지, 연수가 당신에게 도움이 되었습니까? 수잔, 당신은 어때요? 여러분은 여러 가지를 고려해 보아야 합니다. 당신은 대화를 잘하는 편입니까? 스스로 평가를 내려 볼 때 당신의 화술은 어느 정도라고 생각합니까? 말을 강조할 때, 누군가에게서 뭔가 해 달라는 요청을 받았을 때, 누군가에게 뭔가를 시킬 때, "아니오"라는 대답을 해야 할 때, 당신은 얼마나 요령껏 잘해 냅니까? 이런 모든 요소들이 바로 당신이 앞으로 개선해야 할 부분입니다. 당신 스스로 연수 회사를 한번 평가해 보십시오. 그 회사가 마음에 드는지도 자문해 보십시오. 연수 책임자들은 어떤 사람들인가를 확인해 보십시오. 이 연수 기관의 학습 환경은 마음에 듭니까? 당신에게 어떤 지원을 해 줍니까?

위의 글을 쓰면서 나는 말하기 위한 원고를 작성하기 위한 모든 규칙들을 적용해 보았다. 그 결과 문장은 다음과 같이 변했다.

· 문장이 더 짧아졌다.

- 단순한 어휘들을 사용했다.
- 반복법을 자주 사용했다.

이 외에도 다양한 구어체 작성법 규칙을 적용하였지만, 아직은 그것이 어떤 것인지 밝히지 않겠다.

청중의 귀뿐만 아니라 눈도 이용하라

시각 자료란 청중의 이해를 돕기 위해 준비한 각종 자료들을 말한다. 간단하게는 칠판을 사용해 당신이 말하고 있는 내용을 정리하는 것부터, 슬라이드를 사용하거나 내용을 정리한 유인물을 배포하는 것까지 모두 시각 자료를 활용한 것에 속한다.

일반적으로 이런 자료들에서는 최소한의 문장으로 전체 상황을 설명하기 위해 문어체를 사용하는 것이 보통이다. 하지만 문어체를 그대로 읽어 주면 청중의 귀에 문장이 자연스럽게 흘러들어 가지 못한다.

당신이 크게 소리 내서 읽는 것보다, 청중이 직접 눈으로 훑듯이 읽는 것이 오히려 훨씬 빠르게 두뇌에 입력된다. 당신이 준비한 시각 자료를 청중에게 그대로 읽어 줄 경우, 청중의 입장에서는 이미 눈으로 읽은 부분을 당신이 훨씬 느린 속도로 반복하는 것이 되기 때문에 지루해할 수 있다. 애써 준비한 자료들 때문에 오히려 청중을 이야기에서 멀어지게 할 수도 있다는 것이다. 그렇다면 시각 자료는 어떻게 준비해야 할까?

시각 자료에 어떤 사실을 담든, 그것은 구어체로 작성되어야 한다. 이것은 당신이 그 자료를 언급할 때 청중을 상대로 말하는 것이지 결코 읽어서는 안 된다는 것을 의미한다. 따라서 자료를 작성할 때도 구어체 작성법의 규칙에 따라야 한다. 질문도 하고 중요한 부분은 반복도 하고 수치도 활용하라.

시각 자료 중에서 유일하게 '읽어도' 되는 부분, 즉 문어체를 사용해도 되는 부분이 있다면, 다른 책에서 인용한 부분뿐이다.

나는 다양한 형태의 시각 자료를 즐겨 활용하는 편이다. 칠판을 활용하기도 하고 슬라이드나 유인물 등 청중에게 자극이 될 수 있는 모든 종류의 시각 자료를 사용한다. 이때 문어체로 작성된 자료는 반드시 구어체로 바꾸거나 청중에게 적합한 형태로 수정하여 사용한다. 그러면 자료는 충분한 효과를 발휘하게 된다.

시각 자료는 보조 수단임을 명심하라

　모든 시각 자료는 단순한 형태로 준비하라. 유인물의 경우에는 간략하게 한두 장 정도로 정리하거나 노트 형태로 준비하는 것이 좋다. 유인물이 너무 커서 처리가 곤란한 경우에는 유인물을 보느라 당신의 이야기에 집중하지 못할 수도 있다. 혹은 아예 유인물을 펴 볼 엄두도 내지 못해 결국 당신이 애써 준비한 유인물이 효력을 발휘하지 못할 수도 있기 때문이다. 각각의 상황에 맞게 유인물을 준비하자.

　당신의 이야기가 모두 끝난 후에 유인물을 나눠 주는 것도 좋다. 하지만 만일 당신의 이야기를 전달하는 데 유인물을 더 효과적으로 이용하고 싶다면, 적절한 시점에 미리 나눠 주는 것이 더 좋다.

　만일 당신이 교사라면 유인물은 강의 초반에 나눠 주어라. 단, 이 경우에는 청중이 이야기를 듣는 중간 중간에 각자의 유인물에 설명을 써넣을 수 있도록 여백을 만들어 두는 것이 좋다. 이렇게 하면 청중이 당신의 이야기에 더 적극적으로 참여할 수 있다. 중요한 사항이 있다면 청중에게 반드시 필기하게 하라. 막연히 유인물을 넘기던 청중에게 유인물의 내용이 무엇인지 확인하게 만들 수 있다.

　유인물을 받은 청중은 이야기하는 사람이 특별히 시선을 사로잡지 못할 경우, 곧바로 유인물의 내용을 읽기 시작한다. 이런 일은 당신이 이야기를 효과적으로 전달하고 목적을 달성하는 데 방해되는 일이다. 청중이 유인물로 시선을 돌리기 시작하면 더 이상 당신의 이야기를 듣지 않기 때문이다. 물론 청중은 유인물을 읽고 있는 동안에도 당신의 이야기를 잘 듣고 있다고 말할 것이다. 하지만 사실은 그렇지 않다. 인간은 동시에 두 가지 일을 제대로 해낼 수 없기 때문이다. 더욱 시선을 이끄는 대상에게 상대적으로 주목하게 되는 것은 당연한 일이다.

 세일즈를 위해 사람들에게 이야기하는 경우라면, 사람들은 가격을 확인하기 위해 먼저 유인물을 훑어볼 것이다. 이것은 흔히 일어나는 일이다. 만일 청중이 제품을 마음에 들어 할 경우 당신은 그들의 주의를 사로잡을 수 있지만, 그렇지 않다면 청중은 당신의 말에 더 이상 귀를 기울이지 않는다. 청중에게도, 당신에게도 이것은 엄청난 시간 낭비이다. 많은 시간을 들여 당신의 목적을 달성하기 위해 준비를 해 놓고도 유인물 때문에 이야기를 시작하기도 전에 이미 청중의 관심을 빼앗겨 버린 것이다.

 그렇다면 이렇게 청중이 당신의 이야기에서 멀어지는 것을 막기 위해서는 어떻게 해야 할까? 첫째, 이야기 시작 초반에 유인물을 나눠 주었을 때 발생할 수 있는 결과에 대해 미리 생각해 본다. 그리고 가장 적절한 시점이 언제인지를 신중하게 결정해야 한다. 둘째, 절대로 청중에게 직접 창피를 주지 말아야 한다. 만일 어떤 청중이 당신의 이야기를 듣지 않고 유인물만 열심히 읽고 있는 것을 발견한다면 즉시 주의를 환기시키고, "○○에 나와 있는 문장을 다 같이 보자"고 말하라.

말하듯이 읽는 것도 기술이다

기껏 원고를 준비하고도 그것을 제대로 활용하지 못하는 사람들이 많다. 그들이 범하는 가장 큰 실수는 청중을 향해 원고를 읽는 것이다. 청중은 결코 당신이 읽어 주는 원고를 듣기 위해 자리에 앉아 있는 것이 아니다. 당신에게 새로운 사실을 듣고 정보를 얻기 위해 모인 것이다. 그리고 당신은 그들이 원하는 것을 말하듯이 읽어야 한다.

말하듯 읽기란, 말 그대로 원고를 말하듯이 편안하게 읽는 방식을 말한다. 다시 말하면, 당신이 원고를 읽고 있더라도 청중은 당신이 말하고 있는 것으로 여기게 만드는 기술이다. 이렇게 하면 당신이 전달하는 내용이 청중에게 훨씬 더 의미심장하게 들린다. 여기에 말하는 속도, 쉬어 가기, 눈 맞추기, 보디랭귀지 등은 당신의 강연을 더욱 풍요롭게 만들어 주는 보조 수단이 된다. 이런 것들은 당신의 이미지를 따뜻하고 진지하게 바꿔 준다.

일단 원고를 써라. 이때 가장 중요한 것은 뭔가 써야 한다는 강박관념, 즉 스트레스와 초조감을 떨쳐 버리는 것이다. 이렇게 미리 원고를 작성하면, 당신이 이야기할 내용을 기억하기도 훨씬 쉬워진다. 따라서 원고를 써 놓은 후에 이야기를 한다면 자신이 무엇을 이야기하고 있는지, 어디쯤 이야기하고 있는지 쉽게 파악할 수 있게 된다. 어디쯤에서 잠시 쉬어야 하는지도 알 수 있다. 마침내 당신은 이야기하는 그 자체를 즐기고 있는 자신의 모습을 발견하게 될 것이다.

읽기 쉬운 원고는 따로 있다

1_ 양쪽에 적당한 여백을 준다

원고를 편집할 때는 당신의 두 눈이 읽어 낼 수 있는 범위 안에 모든 것이 들어가게 해야 한다. 그리고 양옆으로 적당한 여백을 남겨 두어야 하는데, 보통 3~4cm 정도가 적당하다. 이렇게 원고를 준비하면 두 눈으로 훑듯이 원고를 읽어 내려갈 수 있을 뿐 아니라, 지금 어디쯤 이야기하고 있는지 체크하기에도 좋다.

남겨 둔 여백은 당신이 필요한 것을 메모하는 데 활용하라. 예를 들어, 슬라이드를 사용할 예정이라면 어느 시점에서 슬라이드를 보여 줄 것인지 원고의 여백에 기록해 놓는다. 혹은 여백에 이야기의 핵심 단어를 표기해 놓으면, 현재 강연하고 있는 내용이 무엇인지 파악하는 데 도움이 될 것이다.

2_ 한 줄씩 띄어 가며 작성한다

말하듯 읽기의 목적은 단순히 원고를 읽는 것이 아니라, 원고의 내용을 독자들에게 전달하는 것이다. 원고를 빽빽하게 작성하는 것보다는 한 줄씩 띄어 가며 작성하는 것이 한눈에 원고를 파악해 자신이 현재 어느 부분을 말하고 있는지 확인하기 쉽다.

3_ 굵은 서체와 가는 서체를 병행한다

원고를 말하듯이 읽기 위해서는 읽기에도 좋고 말하기에도 좋도록 편집해야 한다. 강조할 부분을 더 굵은 서체로 강조하는 것도 좋은 방법이다. 이렇게 하면 굵은 서체 부분이 더욱 눈에 띄기 때문에 내용의 순서를 파악하고, 강조해야 할 점을 파악하기에도 좋다.

4_ 문단과 문단 사이에 간격을 둔다

문단과 문단 사이에 최소한 네 줄 정도의 간격을 두면, 이야기를 할 때 각각의 문단을 쉽게 찾아낼 수 있다.

5_ 한 문장은 같은 페이지에서 끝내도록 한다

일단 시작된 문장은 페이지를 넘기지 않고 같은 페이지에서 종결되도록 하라. 이렇게 하면 자연스럽게 문장과 문장 사이에서 잠시 쉬어 갈 수 있다. 그러나 한 문장을 두 페이지에 걸쳐 쓰게 되면, 문장을 말하는 도중 원고를 넘기느라 부자연스럽게 쉬어 가는 일이 발생한다.

6_ 인쇄는 파란색으로 하라

오랜 시간 연설을 하게 될 경우에는 눈이 피로해진다. 파란색 잉크는 눈을 가장 덜 피로하게 만드는 색깔이므로, 파란색으로 인쇄하는 것이 좋다.

말하기가 쉬워지는 원고 작성 사례 2

　다음의 글은 앞에서 나온 화술에 대한 인용문을 말하듯이 쓰는 형식의 원고로 다시 작성한 것이다. 앞에서 제시한 화술에 대한 인용문을 읽고 난 후 이 원고를 다시 한 번 읽어 보자. 말하듯이 쓰기 형식으로 작성된 원고를 읽는 것이 문어체로 작성된 원고를 읽는 것보다 훨씬 편하고, 내용 전달에도 효과적임을 알게 될 것이다.

여러분, 안녕하십니까. 오늘은 어떻게 하면 여러분의 화술을 계발할 수 있는지에 대해 말씀드리고자 합니다.

저는 이 자리에서 화술을 계발시킬 수 있는 방법으로 네 단계의 방침을 제시할 것입니다.

그중 제1단계는 제대로 된 연수 회사를 찾아내는 일입니다.
요즘은 참으로 많은 연수 회사가 있습니다.
그들은 모두 자기네 회사가 최고라고 말하지요.
그렇다면 어떻게 해야 당신에게 가장 잘 맞는 연수 회사를 찾아낼 수 있을까요?

그 연수 회사의 장점이 무엇인지 생각해 보십시오. 시간이 좀 걸리더라도 상관없습니다. 비교도 해 보십시오.

그리고 이 회사가 과연 내게 잘 맞을까 자문해 보십시오.

또 한 가지, 화술 연수는 장기 연수로 하십시오.

화술을 하룻밤 새에 개선시킨다는 것은 불가능합니다.

따라서 하루 코스나 다른 단기 세미나는 피하십시오. 화술 연수에는 효율적인 대화법에 대한 내용이 포함되어 있습니다.

화술 계발에는 시간과 연습이 필요합니다.

당신의 화술이 언제까지, 어떻게 향상되어야 한다는 식으로 미리 정하지 마십시오. 어차피 당신이 노인이 되어 버릴 만큼 많은 시간이 걸리지는 않을 겁니다.

제1단계가 자신에게 맞는 연수 회사를 찾아내는 일이었다면, 그다음
제2단계는 당신에게 맞는 연수 프로그램을 찾는 일입니다.

말하듯이 쓰기 형식으로 원고를 작성하는 경우에는 강연 중이라도 지금 현재 발표하고 있는 내용이 어디쯤에 쓰여 있는지 훨씬 쉽게 찾아낼 수 있다.

4
목소리로 사로잡아라

그냥 듣고 hearing 있는가, 경청하고 listening 있는가

청중을 사로잡기 위해서는 어떻게 해야 할까?

이 문제에 대한 답을 찾기 위해 먼저 청중의 입장에서 생각해야 한다. 청중이 듣고자 하는 말은 무엇일까?

청중이 당신의 말을 들을 때, '듣는다'는 것은 단지 '듣는 것' hearing이 아니라 '경청하는 것' listening을 의미한다. 그냥 듣는 것과 경청하는 것에는 큰 차이가 있다. 그냥 듣는 것은 청각을 자극하는 소리를 자동적으로 받아들이는 것을 의미하지만, 경청하는 것은 같은 소리라도 의식적으로 수용하는 것을 의미한다. 예를 들어 수업 시간에 자리에는 앉아 있지만 집중하지 않은 학생이 한 마디도 기억하지 못하는 것과 같은 이치이다.

사실 지금까지도 당신이 이야기하는 동안 단지 듣고만 있었던 청중도 많을 것이다. 하지만 당신은 사람들 앞에서 말하는 것에 자신이 없었고 얼른 그 자리를 떠나고 싶다는 생각뿐이었기 때문에 이런 청중의 반응을 알아차릴 마음의 여유가 없었을 것이다. 혹은 알면서도 모르는 척했을 수도 있다.

대부분의 경우 청중이 당신의 이야기를 멍하니 들으며 흘려버리는 이유는 지루하기 때문이다. 하지만 이들이 일부러 그러는 것은 아니다. 당신 역시 다른 사람의 이야기를 듣는 동안 손가락으로 볼펜을 돌리거나, 종이에 쓸데없는 낙서를 하며 시간을 보내는 경우가 얼마나 많았는가. 당신의 이야기를 듣는 청중도 당신과 다를 바 없다. 청중은 이야기에 집중하지 못하고 순간적으로 다른 생각에 빠지기 쉽다.

예를 들어서 당신이 사람들을 대상으로 회사의 예매 사이트에 대해 홍보하고 있다고 하자. 당신은 당신 회사의 예매 사이트가 많은 정보를 제공하며 실시간으로 예매 현황을 알려 주어 편리하게 이용할 수 있다고 말할 것이다. 하지만 당신의 입에서 '예매'라는 말이 떨어짐과 동시에 청중은 '집에 가는 길에 연극표를 예매해야겠다'는 생각을 하게 될지도 모른다. 그러다 보면 한 발 더 나아가 '어떤 연극이 좋을까' 생각할 것이고, 또 '연극을 보기 전에 저녁식

사는 무엇으로 하는 게 좋을까'를 생각할지도 모른다. 그는 더 이상 당신의 이야기를 듣지 않으며 당신은 회사의 예매 사이트를 알리는 데 실패한 것이다.

만일 당신이 어떤 연사의 강연을 일부러 찾아가 듣고자 했다면, 그의 어떤 점이 당신을 사로잡았을까? 기억에 남는 연사들을 한번 떠올려 보라. 그들이 갖고 있던 어떤 점이 당신에게 긍정적인 인상을 남겼는가? 그것들을 목록으로 작성해 보자. 아마도 아래와 비슷한 결과를 얻을 것이다.

- 카리스마가 있다
- 따뜻한 성품의 소유자이다
- 개성이 강하다
- 영감으로 가득 차 있다
- 중요 부분을 강조할 줄 안다
- 알아듣기 쉽게 이야기한다
- 열정적이다
- 흡인력이 있다
- 신뢰가 간다
- 진지하다
- 재미있다
- 목소리가 좋다
- 옷차림이 적절하다
- 준비한 흔적이 보인다

오래도록 강한 인상을 남기는 연사들은 위와 같은 특성들을 지니고 있다. 이런 특성들은 사람을 살아 있게 만든다. 즉 생기 넘치는 인물로 만들어 주는 것이다. 그렇다면 당신 역시 당신의 이야기를 듣는 청중이 흥미를 잃지 않도록 하기 위해 위와 같은 특성들을 갖추어야 한다. 끊임없이 청중을 자극시키지 못하면, 청중은 당신이 그랬던 것처럼 볼펜을 돌리거나 몽상에 빠져 들거나 당신이 하는 말 외의 다른 소리에 귀 기울이게 된다는 것이다.

그렇다면 어떻게 해야 강한 인상을 남기는 연사가 될 수 있을까? 당신의 이야기가 진지하게 들리는지, 당신의 성품이 따사롭게 느껴지는지, 당신이 힘이 넘치는 사람으로 보이는지 어떻게 알 수 있을까? 어떻게 하면 흡인력을 발휘하고 이야기를 재미있게 진행할 수 있을까? 어떻게 해야 시끄럽거나 공격적인 느낌을 주지 않으면서도 힘 있는 목소리를 낼 수 있을까? 이 질문들에 대한 해답이야말로 청중을 사로잡을 수 있는 열쇠가 될 것이다.

레이건의 실수

앨버트 메러비언Albert Mehrabian 교수는 일관된 메시지를 전달해 주는 요소로 '성공적인 커뮤니케이션의 3대 원칙'을 제시했다. 그것은 다음과 같다.

- 말 Verbal — 입을 통해 나오는 내용
- 음성 Vocal — 귀를 통해 듣는 것
- 시각 Visual — 눈을 통해 보는 것

메러비언 교수는 연구 결과에 따르면 상대방에게 일관된 메시지를 전달하기 위해서는 이상의 3가지 요소가 적절한 비율로 배합되어야 한다는 것이다.

- 말 Verbal — 7%
- 음성 Vocal — 38%
- 시각 Visual — 55%

즉 당신이 청중에게 미칠 수 있는 효과의 93%가 음성과 시각을 통해 전달되는 것이다. 물론 위의 세 요소는 각각 개별적으로는 효력을 발휘할 수 없으며, 상호 보완을 통해 작용한다. 다시 말해서 당신이 잘생기고 목소리도 좋지만 말하는 내용이 좀 매끄럽지 못한 경우, 93%는 만족시키는데 7%에 문제가 있다고 해석할 수는 없다는 것이다. 말과 음성과 시각, 이 3가지는 서로 맞물려 작용하는 것이다. 셋 중 어느 하나가 부족해도 효과는 격감하며, 당신의 이야기는 좋은 인상을 남길 수 없다.

당신의 메시지가 청중에게 효과적으로 전달되기를 바란다면 잘 정리된 원고가 필수이다. 잘 정리된 원고는 당신이 '말'Verbal을 잘 할 수 있도록 도와준다. 그러나 완벽하게 짜여진 원고를 제대로 전달하기 위해서는 열정적인 목소리, 힘 있고 진지해 보이는 표정, 보디랭귀지 등이 뒷받침되어야 한다. 당신이 제아무리 훌륭한 원고를 준비했다 해도 외모Visual나 목소리Vocal가 부족하다면, 그 원고Verbal는 빛을 발하기 어렵다. 반대로 당신이 카리스마 넘치는 외모와 딱 부러지는 음성의 소유자라 해도, 자신이 무슨 말을 하고 있는지조차 제대로 파악하지 못한다면 역시 연사로서 자격 미달이다.

로널드 레이건Ronald Reagan 대통령의 예를 들어 보자. 그는 훌륭한 연사였다. 늘 청중의 관심을 사로잡았으며, 훌륭한 웅변가로 칭송받았다. 그런데 강연을 하기로 되어 있던 어느 날, 강연 내용의 핵심을 적어 놓은 카드를 다른 것으로 바꿔 가는 실수를 범하고 말았다. 그는 그 사실을 깨닫지 못한 채 강단에 올라 어쩔 수 없이 강연 초반을 진행했고, 그 결과 청중은 그에 대한 신뢰감을 상실했다. 그는 잘생긴 외모의 소유자였고 목소리도 훌륭했지만, 자리에 어울리지 않는 말을 늘어놓았던 탓에 더 이상 청중을 사로잡을 수 없었다. 그날 이후 사람들은 레이건의 대통령 자질을 의심하기 시작했다.

자신의 경험을 돌이켜 보라. 지루한 강의 때문에 따분했던 경험이 있을 것이다. 이런 경험은 학교생활부터 시작되었고 현재도 종종 벌어진다. 사실 이 경우 연사가 무슨 말을 해야 할지 몰랐던 것은 아니다. 그들은 자신이 무엇을 가르쳐야 할지 명확하게 알고 있는 전문가들이다. 그들의 강의가 따분했던 이유는 학생들을 강의 내용에 집중하도록 만드는 기술이 부족했기 때문이다.

나는 앞에서 수많은 강연이 재미없어 '도대체 언제쯤 이 강연이 끝날까' 하는 생각만 했던 경험이 있다. 그렇다고 그 연사들이 강연을 준비하는 데 시간과 노력을 투자하지 않았다는 이야기는 아니다. 그들 중 누구도 자신의 이야기가 지루하고 알맹이 없다는 평가를 받는 것을 원하지 않기 때문이다.

강연은 관객을 감동시켜야 하는 1인극

청중을 지루하지 않게 하고 그들을 사로잡기 위해서는 특별한 방법이 필요하다. 그 방법은 크게 2가지인데, 우선 이야기의 목표를 설정하고 청중에 대해 파악하고 미리 원고를 작성하는 등 사전에 철저하게 준비하는 것이다. 물론 이것만으로는 부족하다. 두 번째로 음성과 시각적 효과를 극대화하기 위한 노력이 필요하다.

당신은 청중의 관심을 사로잡아야 한다. 또한 그들로 하여금 당신의 이야기를 듣고 싶게 만들어야 한다. 수많은 연사들이 사전에 열심히 준비하고 연습해도 실전에서는 하고자 했던 말을 제대로 하지 못한다. 그 결과 청중의 신뢰를 잃고, 계획했던 목표를 달성하지 못하고 만다. 당신 역시 지나치게 긴장한 모습을 보여 줌으로써 거래에 실패한 경험이 있을 것이다.

강연에는 집중하지 못하는 사람이라도 연극을 보러 간다면 상황은 달라진다. 연극에 빠져드는 것은 특별한 노력을 하지 않아도 자연스럽게 이루어진다. 왜일까? 연극의 어떤 점이 큰 노력 없이도 자연스럽게 그 속에 빠져들게 만드는 것일까?

첫째, 목적이 다르기 때문이다. 관객이 연극배우들에게 원하는 것은 웃음과 눈물, 희망이다. 관객은 감동받기를 원한다. 감동이 크면 클수록 연극이 주는 즐거움 역시 크다. 그렇다면 배우들은 어떻게 해서 이런 일을 가능하게 할 수 있었을까?

커뮤니케이션의 3대 원칙, 즉 말Verbal과 음성Vocal, 시각Visual으로 한번 돌아가 보자. 연극의 경우, 말은 대본으로 이미 짜여져 있다. 대본이 형편없다면 제아무리 배우들이 훌륭하다 해도 그 공연은 실패할 수밖에 없다. 시각은 무대와 세트, 의상, 분장, 배우들의 동작으로 나타나며, 음성은 사운드, 즉 배경음악과 배우들의 목소리,

때로는 배우들의 침묵으로 나타난다.

실제 공연과 리허설을 한번 비교해 보자. 리허설에서도 배우들은 똑같이 훌륭한 목소리를 내지만 분장, 의상 등의 시각적 효과가 뒷받침되지 않기 때문에 공연의 효과는 반감되고 만다.

당신이 사람들 앞에서 이야기하는 경우, 이것은 공연을 하고 있는 것과 마찬가지이다. 그 공연을 성공으로 이끌어 갈 수 있는 주인공은 당신뿐이다. 더욱이 이때는 연극 무대와 같은 시각적인 보조 장치가 없기 때문에, 오직 당신의 노력만으로 그 효과를 발휘해야 한다. 그것이 당신의 보디랭귀지와 차림새가 중요한 이유이다.

또한 당신이 사람들 앞에서 이야기할 때는 배경음악이 없다. 당신의 목소리가 배경음악의 효과를 발휘해야 하는 것이다. 따라서 평상시에 내는 목소리를 사용해서는 안 된다. 사람들이 평상시에 내는 목소리는 연사의 목소리로 어울리지 않는다. 일단 연단에 서면 힘이 있어야 한다. 강력한 아이디어를 전달하고자 한다면, 스스로 강해질 필요가 있다. 당신이 내는 목소리 역시 강렬해야 하고, 멀리까지 울려 퍼져야 한다. 강조할 줄도 알아야 하고, 잠시 쉬어 갈 줄도 알아야 한다. 목소리의 높낮이도 조절할 줄 알아야 하고, 청중의 감정을 자극할 줄도 알아야 한다.

사람들은 시각, 후각, 청각, 미각, 촉각의 오감을 갖고 있다. 청중의 오감을 자극하라. 그들의 감각을 자극해야만 그들로부터 동기를 유발할 수 있다.

　감각을 자극하는 메시지를 들었을 때 사람들은 감정의 변화를 느낀다. 감동받는 것이다. 반대로, 연사가 감정을 자극하지 못하는 경우 사람들은 쉽게 주의력을 잃고 만다. 이것이 바로 강연이라는 공통점을 갖고 있음에도 어떤 강연은 생동감과 활력이 넘치고, 또 어떤 강연은 무덤덤하고 지루한 이유가 되는 것이다.

　일단 당신이 강단에 섰다면, 반드시 청중의 감각을 자극해야만 한다. 당신의 목소리를 활용하라.

지구상에서 가장 완벽한 악기 '목소리'

　목소리는 지구상에 창조된 그 어떤 악기보다도 완벽한 악기이다. 그렇지만 그 완벽한 악기도 때로는 다른 악기들과 마찬가지로 형편없는 소리를 만들어 내기도 한다. 전적으로 연주자의 역량에 따라 서로 다른 소리가 나기 때문이다.

　그렇다면 목소리를 잘 내기 위해서는 어떻게 해야 할까? 무엇보다 중요한 것은 목소리를 개선하겠다는 의지와 열심히 연습하려는 마음가짐이다.

　목소리를 개선하기 위해서는 먼저 발성을 연습해야 한다. 발성은 성대의 진동을 통해 이루어진다. 성대는 후두와 연결된 가늘고 단단한 두 개의 관으로 구성되어 있다. 후두는 기관의 가장 위쪽에 위치해 있으며, 기관은 바로 기관지에 잇대어 있다. 또 기관지는 그 끝이 두 개로 갈라지는데, 갈라진 것 중의 하나가 또다시 두 개의 작은 관으로 갈라지면서 폐와 연결되어 있다. 성대는 성인 남자의 경우 2~3.2cm이며, 성인 여자의 경우 1.3~2cm이다. 만일 성대를 위에서 내려다본다면, 마치 평평한 근육처럼 보일 것이다.

호흡 조절을 통해 목소리가 달라진다

성대는 목에 있는 결후(성년 남자의 턱 아래, 목 중간쯤에 후두의 연골이 조금 튀어나온 부분, 울대뼈, 후골) 상단의 돌기에 위치해 있다. 결후 위에 손을 가볍게 얹고 큰 소리로 이렇게 말해 보라.

"안녕하십니까? 저는 지금 목소리에 대해 공부하고 있습니다."

어떤가? 진동이 느껴지는가? 이처럼 진동이 생기는 이유는 성대가 울리기 때문이다. 다시 말해서 성대의 울림을 통해 소리가 나오는 것이다.

성대의 진동은 숨을 내쉬면서 소리가 되어 배출된다. 따라서 호흡이야말로 목소리의 기본이라고 할 수 있다. 또한 호흡은 성대의 진동을 유발하는 원동력이며, 목소리를 밖으로 배출시키는 데 필요한 추진기 역할을 담당하기도 한다. 밖으로 내뿜는 공기의 힘이 세면 셀수록 목소리의 힘도 강해지고 음성도 개선된다. 즉 호흡을 개선하기 위한 첫 번째 단계는 자기 자신의 목소리를 컨트롤하는 것이다.

다음 항목으로 넘어가기 전에 다음과 같은 연습을 해 보자. 이 연습은 공기의 흡입 과정을 이해하는 데 많은 도움을 준다.

방법1_ 거울 앞에 서서 숨을 깊이 들이마신다. 그 상태에서 거울을 보면서 신체의 어느 부분이 움직이고 있는지 살펴본다.

방법2_ 다시 한 번 숨을 깊이 들이마신다. 최대한 깊이 숨을 들이마신 상태에서 다시 한 번 신체의 어느 부분이 움직이는지를 살펴본다.

방법3_ 가슴이 위로 올라갔는가? 어깨도 위로 치솟았는가? 배는 안쪽으로 끌어당겨졌는가? 머리를 뒤로 넘기고 목을 길게 잡아당겼는가? 팔을 움직였는가?

만일 위에 열거한 사항 중에 한 가지라도 해당 사항이 있다면 숨을 멈추고 그 상태를 유지하자. 신체를 위로 잡아끈 다음 그대로 팽팽한 긴장 상태를 유지하는 것이다. 이때 가슴을 부풀려지고 어깨가 위로 치솟는 것은 가슴 가득 공기를 들이마시면 저절로 일어나는 현상이다.

이제 당신이 상사에게 승진에 대해 이야기할 때, 또는 많은 사람들 앞에서 이야기했던 순간을 떠올려라. 그때의 느낌은 어땠는가. 가슴이 답답하지는 않았는가? 가슴이 두방망이질 치지는 않았는가? 입안이 바짝바짝 타 들어가지는 않았는가? 소리가 나오다 말고 목구멍이 탁탁 막히지는 않았는가? 이런 현상이 있어났다면, 그건은 당신의 정상적인 호흡 리듬이 깨졌다는 것을 의미한다.

이 호흡법은 소위 '늑간 횡경막 호흡'이라고 불린다. 이는 호흡에 사용되는 근육이 바로 늑골 사이에 있는 늑간 근육과 늑골 하단부에 위치한 대근육인 횡경막이기 때문이다.

1_ 숨을 들이마실 때의 자세

풍선을 불고 있다고 생각해 보자. 당신이 공기를 내뱉을수록 풍선은 더욱 크게 팽창한다. 이번에는 당신의 폐가 있는 부위에 풍선을 매달았다고 한번 생각해 보자. 당신이 아래쪽으로 숨을 내쉬면 풍선은 아래쪽으로, 그리고 밖으로 팽창한다. 결코 위쪽으로 팽창하지는 않는 법이다. 움직임의 방향이 아래쪽, 바깥쪽임을 알 수 있다.

당신의 폐 역시 이와 똑같은 방식으로 부풀어 오른다. 폐의 앞뒷면은 늑골로 둘러싸여 있으며, 그 하단에 횡격막이 자리 잡고 있다. 폐가 팽창하기 위해서는 양쪽 늑골과 횡격막이 모두 움직여 주어야 한다. 이러한 움직임은 바깥쪽 늑간 근육을 수축함으로써 가능해진다. 늑간 근육이 수축할수록 늑골이 바깥쪽으로 움직이며, 횡격막은 아래쪽으로 내려간다.

바깥쪽 늑간 근육은 불수의근이다. 불수의근이란 자기 마음대로 움직임을 조절할 수 없는 근육을 말한다. 공기가 유입되면 근육이 자동으로 수축하고 늑골이 바깥쪽으로 밀려 나가며 동시에 횡격막은 하강한다. 그 움직임의 폭은 유입되는 공기의 양에 의해 결정된다. 당신이 가슴 상부를 어떻게 가동시키는지와 상관없이 늑골과 횡격막의 움직임은 항상 이렇게 일어난다는 사실을 기억하라. 만일 가슴과 어깨를 가득 팽창시킨다 할지라도 늑골은 여전히 바깥쪽으로 움직일 것이며 횡격막은 하강할 것이다.

공기 흡입이 불수의근에 의해 이루어진다는 것은, 당신의 의지로는 결코 호흡을 멈출 수 없음을 의미하는 것이기도 하다. 비록 당신이 폐를 최대한 팽창시켰다 해도 여전히 호흡은 진행되고 있는 셈이다.

2_ 숨을 내쉴 때의 자세

숨을 들이마실 때는 늑골이 바깥쪽으로 팽창하는 반면, 숨을 내쉴 때는 안쪽으로 수축한다. 늑골은 안쪽으로 들어가고 복부의 내장 기관들은 상부의 압력을 받아 횡격막이 위쪽으로 상승하여 부풀어 둥글게 된 형상을 완만하게 해 주는 것이다. 이렇게 점차적으로 변모함으로써 연설을 하는 데 필요한, 안정적인 공기의 유출을 가능하게 해 준다.

안쪽 늑간 근육은 수의근이다. 즉 당신이 근육의 움직임을 마음대로 조절할 수 있다. 잠수할 때처럼 간혹 의도적으로 숨을 멈추어야 할 때가 있기 때문에, 이렇게 근육을 조절할 수 있다는 사실은 매우 중요하다. 숨을 멈추고 있으면 늑간 근육들 역시 작동을 멈추고, 그 결과 보통 때처럼 숨을 배출할 수 없게 되는 것이다.

발성은 공기의 유출과 더불어 이루어진다. 당신이 숨을 내뱉을 때, 이 공기가 성대를 진동시켜 소리가 만들어지는 것이다. 만일 유출되는 공기의 양이 충분하지 않으면 힘찬 목소리를 낼 수 없다.

당신은 공기의 유입 과정을 아주 천천히 진행시키다가 공기의 유출을 정지할 수 있다(잠시 숨을 멈추었을 때 일어나는 현상이다). 늑간 근육에 압력이 가해지는 경우, 공기의 배출 과정이 단절된다. 그러다가 숨을 내뱉으면 이러한 긴장 상태는 완화된다.

감정이 담긴 목소리는 위험하다

목소리는 당신의 감정을 그대로 드러낸다. 당신은 목소리를 통해 의도했든 의도하지 않았든 자신의 감정을 타인에게 드러내게 된다. 당신이 행복할 때면 목소리도 밝아지고, 우울할 때면 목소리도 낮아진다. 이것은 감정의 변화에 따라 근육이 영향을 받아 목소리를 만들기 때문이다.

감정과 음성 간의 상호 관계를 이해하면, 목소리를 어떻게 조절할 수 있을지도 알 수 있다. 근육이 이완되면 목소리도 편안하게 이완되며, 근육이 긴장되면 목소리도 긴장되고 음조도 높아지게 된다.

현악기와 비교해 하자. 팽팽하게 당긴 바이올린 현에서는 고음이 나오고, 이에 비해 상대적으로 느슨한 첼로 현에서는 바이올린보다 낮고 묵직한 음이 나온다. 음성 역시 편안하면 편안할수록 성대가 이완되고 유연해지기 때문에 깊이를 더하게 된다.

청중은 당신의 불안감, 두려움, 초조함을 당신의 목소리를 통해 듣는다. 화가 났거나 긴장했을 때는 당신의 목소리 역시 쉽게 긴장된다. 이것 역시 발성을 만들어 내는 근육의 활동에 의해 생기는 결과이다. 따라서 근육은 훈련을 통해 조절할 수 있기 때문에, 연습을 통해 당신의 화나 긴장을 감출 수 있다. 그 구체적인 방법을 알아보자.

상황에 따른 적절한 목소리 연출 훈련

자신의 목소리를 마음먹은 대로 통제할 수 있는 능력을 키우려면 어떻게 해야 할까? 무엇보다도 불안에서 벗어날 수 있도록 긴장된 근육을 풀어 주는 것이 가장 중요하다. 물론 말은 쉽지만 실천하기는 쉽지 않다. 하지만 많은 사람들을 대상으로 교육한 결과, 이 방법을 모르는 사람에 비해 알고 연습한 사람들에게서 발성과 관련된 근육을 이완시키는 일이 훨씬 쉽게 이루어짐을 알 수 있었다.

1_ 숨을 내쉬어라

긴장하고 있다고 생각되면 숨을 내쉬어라. 일단 숨을 내쉬면 마음속의 어지러운 생각들도 함께 걷어 낼 수 있다. 호흡은 긴장 완화를 위한 가장 기본적인 방법이다.

호흡은 또한 발성을 위해서도 필요하다. 앞서 언급했듯이 호흡은 소리에 힘을 더해 준다. 잔뜩 긴장하고 있을 때는 보통 숨을 참게 되는데, 이때 숨을 길게 내쉬는 것이 긴장을 해소할 수 있는 유일한 방법이다. 몸 안의 횡경막이 위로 잔뜩 치켜 올라가고 공기를 배출하는 과정이 되풀이되면서 횡경막은 천천히 제자리로 내려가는데, 이때 아주 소량의 공기가 성대를 통과하게 된다. 강력한 공기의 힘 없이 효과적인 발성을 할 수는 없다.

실제로 연습을 해 보자. 숨을 참은 채 가능한 한 큰 소리로 말해 보라. 아무 말이라도 좋다. 아마 쉽지 않을 것이다. 목소리가 떨리기 시작하는 것이 느껴지는가? 이것은 당신이 숨을 참고 있기 때문이다.

이제 숨을 깊이 들이마신 다음, 다시 내뱉으면서 가급적 큰 소리로 말해 보자. 이번에는 말하기가 훨씬 쉬울 것이다. 이는 내뱉는 공기의 흐름에 따라 발성을 하기 때문에 일어나는 결과이다.

2_ 호흡을 연습하라

공기가 충분히 공급되지 않으면 인위적인 방법을 동원해서라도 더 많은 공기를 공급해 주어야 한다. 이것은 연습을 통해 가능하며, 방법 또한 단순해서 언제 어디서든 실천할 수 있다. 처음에는 거울 앞에 서서 연습하라. 그러면 당신의 어깨와 가슴이 위쪽으로 올라가는지 그렇지 않은지 더 쉽게 관찰할 수 있을 것이다.

방법 1_ 두 손을 늑골 위에 갖다 댄다. 숨을 크게 들이마셔 늑골이 바깥쪽으로 팽창하는 것을 느낀다. 이때 가슴과 어깨가 전혀 올라가지 않았는지 확인한다. 숨을 내쉬면서 손이 안으로 들어가는 것을 느낀다.

주의 — 숨 쉬는 데 관심을 두지 말고 손의 움직임에 관심을 두어라. 연습이 쉬워질 것이다.

방법 2_ 늑골에 손을 갖다 대고 셋까지 셀 동안(아주 천천히 센다) 숨을 들이마신 다음, 다시 셋을 셀 동안(역시 천천히 센다) 숨을 멈추었다가, 이번에는 셋을 셀 동안 숨을 내쉰다. 공기를 밖으로 내뱉는다고 생각하라. 목소리가 훨씬 더 크고 강하게 날 것이다.

주의 — 점차 숫자 세기를 네 번, 다섯 번, 여섯 번 등으로 늘려 가면서 같은 연습을 반복한다.

방법 3_ 두 손을 횡경막 부근에 댄다. 횡경막은 허리 바로 위쪽이자 늑골 가장 아랫부분에 있다. 셋을 셀 동안 숨을 들이마신다. 숨을 내쉬면서 앞쪽으로 움직이는 두 손의 움직임을 주시한다. 앞쪽으로 움직이는 것은 횡경막이 아래로 내려가면서 복강 내의 기관들을 바깥으로 밀어내는 현상 때문에 생기는 것이다.

이번에는 숨을 내쉬면서 반대로 움직이는 것을 주시한다. 두 손이 안쪽으로 당겨지는 것을 느낄 수 있는데, 역시 복강 내의 기관들이 안쪽으로 당겨지고 횡경막이 원래의 둥그런 형태로 되돌아가기 위해 상부로부터의 압력을 받아들이기 때문에 생기는 현상이다.

방법 4_ 두 손을 횡경막 부근에 대고 셋까지 셀 동안(천천히 센다) 숨을 들이마신다. 다시 셋을 셀 동안(역시 천천히 센다) 숨을 멈췄다가, 숨을 내쉬면서 두 손의 움직임이 멈출 때까지 숫자를 센다. 숫자 세기를 멈추고 나면 두 손이 원래의 위치에 돌아와 있는 것을 발견할 수 있다.

셋을 셀 동안(천천히 센다) 숨을 들이마신다. 숨을 들이마시는 동안 두 손이 바깥쪽으로 향하는지 확인한다. 숨을 참았다가 다시 내쉰다. 이때는 가급적 빨리, 그리고 명확하게 큰 소리로 숫자를 센다. 될 수 있는 한 오래도록 하면서 위로 올라간 상태의 두 손이 움직이지 않고 있는지 확인한다. 어떤 변화가 있었는가? 아마도 큰 소리로 숫자를 세는 일이 어려웠을 것이다. 그리고 공기를 내뱉을 때와 같은 느낌이 들 것이고, 힘이 잔뜩 들어간 갈라진 듯한 소리가 날 것이다.

이 연습을 통해 강력한 공기의 흐름에 따라 사람의 목소리가 얼마나 효과적으로 발현될 수 있는지, 그리고 공기의 흐름 없이 말한다는 것이 얼마나 어려운 일인지를 알 수 있다.

3_ 호흡을 연습하라

공명이란 무엇인가? 공명이란 음성을 이야기할 때 곧잘 언급되는 개념이지만 정확하게 알고 있는 사람은 드물다.

공명이란 소리를 증폭시키는 것이다. 공명이 좋으면 음조도 좋아지고, 목소리도 트이게 된다. 또한 목소리가 맑아지고 음률이 살아나며, 훨씬 볼륨감 있는 목소리로 변한다.

소리가 처음 만들어질 때는 성대의 진동을 통해 만들어지지만, 이것은 매우 작기 때문에 공명을 통해서 증폭시켜야 한다. 따라서 공명을 개선시키는 방법을 알아야 한다. 이제 그 방법을 악기에 비유해 설명하겠다.

흔히들 연주를 위해서는 다음의 3가지가 필요하다고 말한다.

- 진동할 수 있는 악기
- 진동을 하도록 만들어 주는 무엇 – 활성체
- 증폭실

목소리는 각자의 개성과 감정에 의해서도 영향을 받는다. 만일 당신이 부끄러움이 많은 사람이라면 매우 부끄러워하면서 작은 목소리로 말할 것이다. 당신의 목소리는 당신의 성격이나 현재의 상태를 반영한다.

또한 목소리는 습관의 영향을 받기도 한다. 항상 나지막하게 말하는 사람에게는 그것이 자신의 목소리로 정착되는 것이다. 실제로 평상시 나지막하게 말하던 사람은 사람들 앞에서 조금만 큰 소리로 얘기하게 되면, 마치 자신이 고래고래 소리를 지르는 듯한 느낌이 들어 얼른 목소리를 낮추게 된다. 이는 각자가 듣는 자신의 목소리가 말하는 자신의 목소리에 큰 영향을 미친다는 사실을 말해 주는 것이다.

반면 많은 사람들 앞에서 이야기를 잘하고, 큰 소리로 말하는 것에 익숙해져 있는 사람은 자신이 그렇게 말하는 것을 듣는 데 익숙해져 있기 때문에 큰 소리로 이야기를 하더라도 거부감이 없다. 즉 사람의 어조, 굴절, 리듬, 발성 등은 자신이 듣는 소리에 따라 좌우되는 것이다. 빌 클린턴의 목소리는 갈라지는 듯하면서도 쉰 소리가 난다. 이는 그가 처음부터 쉰 소리를 갖고 태어났기 때문이 아니다. 그보다는 발성과 관련한 좋지 않은 습관을 갖고 있던 것이 그대로 굳어져 나타난 결과이다.

자신의 목소리와 관련한 그 어떤 것이든 해낼 수 있다는 믿음을 가져라. 당신이 늘 같은 목소리를 내는 것은 그 외의 다른 목소리를 낼 수 없기 때문이 아니다. 목소리는 변화시킬 수 있다. 이것은 단지 습관의 문제이다. 나쁜 습관은 고칠 수 있으며, 좋은 습관은 큰 노력을 기울이지 않고도 더 좋게 발전시킬 수 있다.

당신의 목소리는 당신을 승자로 만들어 줄 수 있는 힘을 갖고 있다. 좋은 공명을 이루는 목소리는 힘을 싣고 있다. 힘 있는 목소리는 청중을 사로잡을 수 있다. 이것이 바로 흡인력 있고 힘 있고 진동 좋은 목소리를 만들어야 하는 이유이다.

이제 필요한 것은 오직 몇 가지 규칙과 목표를 이루겠다는 의지뿐이다. 공명을 개발하는 연습을 하면, 처음에는 새로 갖게 된 목소리가 평소 당신의 목소리와 달라 낯설게 느껴질 수도 있다. 하지만 이런 과정을 통해 당신은 사람들을 사로잡을 수 있게 된다.

공명을 개발하는 방법

마가렛 대처Margaret Thatcher가 영국 수상이 되었을 때, 그녀의 목소리에는 문제가 있었다. 많은 사람들 앞에서 연설을 할 때마다 너무 고음으로 올라가는 것이었다. 물론 그녀는 대중 연설을 많이 했고 또 잘하기도 했지만, 목소리 톤이 늘 지나칠 만큼 높았다. 물론 이것은 그녀의 성격이나 평소 습관과도 관련이 있지만, 초조나 긴장감과도 직결되어 있었다.

마가렛 대처는 온 국민이 자신의 그런 모습을 눈치채지 못하기를 바랐을 뿐 아니라, 생선장수 아줌마 같은 목소리로 연설하고 싶지도 않았다. 그래서 그녀는 연습을 했다. 정말 짧은 시간 안에 그녀의 목소리는 변했고, 고음으로 올라가던 습관은 눈에 띄게 감소했다. 결국 마가렛 대처의 대중 연설은 높은 평가를 받았으며 명쾌하고 볼륨감 있는 목소리는 그녀의 뛰어난 연설 이상으로 높은 평가를 받았다. 이것은 모두 공명 훈련으로 가능한 것이었다.

당신의 목소리는 어떤가? 아래의 질문에 답해 보라.

- 작은 소리로 말한다.
- 입안에서 웅얼거린다.
- 다시 한 번 말해 달라는 주문을 자주 받는다.
- 20분 이상 말하고 나면 목소리에 피곤함이 묻어난다.
- 목소리가 갈라지는 듯한 것을 느낌이 든다.
- 탁한 목소리가 난다.
- 쉰 목소리가 난다.
- 목소리에 비음이 섞여 나온다.
- 가끔씩 가래를 뱉는다.
- 한동안 말하고 나면 목소리가 갈라진다.
- 많은 사람들 틈에서 말하면 내 목소리는 들리지 않는다.

위의 질문에서 몇 개에 해당되는가? 만일 단 하나에라도 "예"라고 대답했다면, 당신은 공명 훈련을 해야 한다.

공명 훈련은 매우 간단하다. 온 가족이 함께 훈련에 참여하는 것도 좋다. 함께하면 훈련도 즐길 수 있을 뿐 아니라 온 가족이 그 혜택을 받을 수 있기 때문이다.

방법 1_ 두 손을 늑골에 갖다 대고(측면 혹은 전면) 셋까지(혹은 그 이상까지) 천천히 세면서 숨을 들이마신다. 역시 같은 숫자까지 세면서 숨을 멈추었다가 내쉬는데, 이때 '음~' 하는 소리를 낸다.
이런 소리를 내면서 입술 뒤쪽이 간지러워지는지 확인한다. 가급적 소리를 당신의 양쪽 귀와 공동 쪽으로 보내, 코 옆의 양볼 전면에 압박감을 느끼도록 한다. 소리가 목 후면에서 걸리는 듯해서는 안 된다. 소리를 모두 앞쪽으로 보내는 데 모든 신경을 집중한다. 마치 소가 '음~머' 하는 울음소리를 낼 때처럼, 깊고 강한 허밍 소리가 울려 나와야 한다. 폐활량이 허락하는 한 가급적 길게 소리를 내 본다.
위의 연습을 열 번 반복한다.

주의 ― 이 연습을 매일 실시한다. 만일 오늘 중요한 회의나 대중 연설이 예정되어 있다면 아침에 한 번, 연설 직전에 한 번 더 실시한다.

방법 2_ 횡경막 부근에 두 손을 올리고 깊이 숨을 들이마신 후, 두 손이 위쪽으로 치켜 올라갔는지 확인한다. 숨을 내쉬면서 '음~마' 소리를 내 본다. 이때 '마' 소리는 입을 가능한 한 크게 벌리면서 길게 낸다. 숨을 내쉴 때 두 손이 아래쪽으로 내려가는 것을 느낄 수 있을 것이다.

위의 연습을 매일, 하루에 10번씩 반복한다.

주의 — 일단 이 방법을 터득하고 나면, 내는 소리의 형태를 조금씩 바꾸어 본다.

음~메이 — 음~머

음~마이 — 음~모

음~마우 — 음~무

이런 소리들은 약간 과장되게 내야 한다. '음~' 소리는 최소한 5초 이상 이어지도록 해야 하며, '마~' 소리도 마찬가지이다. 매일 소리 내는 시간을 늘릴 수 있도록 연습한다.

이러한 두 가지의 기본적인 연습은 공명을 개선시키는 데 큰 도움이 될 것이다. 이 방법들은 근본적으로 공명 부위를 재조정하는 것이다. 일단 공명 위치를 재조정하고 나면 결코 예전의 습관으로 되돌아가지는 않을 것이다.

멋진 목소리를 만드는 것은 청중을 사로잡을 수 있는 가장 쉬운 방법이며 기본적인 방법이다. 목소리 훈련을 위해서 하루에 단 10분만 투자하자.

목소리로 최면을 걸어라

　청중에게 감동을 불러일으킬 수 있는 효과의 93%는 당신의 태도와 목소리에서 비롯된다. 당신은 마술사가 되어야 한다. 연단에 선 채 말로 청중에게 최면을 거는 마술을 부려야 하는 것이다. 청중 전체가 숨을 죽인 채 당신의 다음 말을 기다리는 침묵의 순간을 창조해 내야 한다.

　그런데 어떻게 그런 일을 이루어 낼 수 있을까? 간단히 말하자면, 앞에서 말한 93%의 효과를 극대화시키면 된다. 당신에게 단 1%도 남지 않도록 최선을 다하는 것, 즉 100%의 노력을 다 쏟아 붓는 것이다.

　그러기 위해서는 동작 하나하나까지 완벽해야 한다. 몸동작, 머리의 위치, 시선, 자세까지. 당신의 입을 통해 나오는 말 한 마디 한 마디에 완벽하고 명확한 메시지가 담겨 있어야 한다. 쉬어 가는 타이밍이 너무 길다거나 하는 아주 사소한 실수마저도 감점 요인이 되며, 이런 감점 요인이 쌓이면 쌓일수록 당신의 점수는 10점 만점에서 멀어져 가는 것이다.

　여기까지 이야기하면 대부분의 사람들은 지레 겁먹고 사람들 앞에서 말하기를 더욱 어렵게 생각한다. 하지만 사람들 앞에서 말할 때 가장 쉬운 부분이 바로 93%를 극대화시키는 것이다. 이 극대화

작업은 당신의 목소리와 보디랭귀지로 얼마든지 채워 나갈 수 있는 부분이다. 어렵게 생각할 필요가 없다. 이미 깊은 호흡과 공명법을 익힌 당신은 훨씬 더 감동적인 목소리를 만들기 위해 첫발을 내디딜 준비가 되어 있는 것이다.

그렇다면 어떻게 연습할까? 최선의 방법은 무조건 많이 해 보는 것이다. 연습만이 당신의 실력을 향상시키는 지름길이기 때문이다.

다른 모든 기술 역시 마찬가지다. 자동차 운전 역시 같은 원리라고 할 수 있다. 당신이 처음 운전대를 잡았을 때 어떻게 운전했는지 기억하는가? 얼마나 서툴렀는가. 그러나 일단 방법을 터득하고 나면 매우 능숙해져서, 이번에는 무슨 동작을 취해야 할지 생각할 필요도 없이 자동적으로 운전할 수 있게 된다. 이미 운전 기술이 당신의 제2의 천성이 되어 버린 것이다. 이것이 바로 뭔가를 배우면서 자연스럽게 익혀 가는 과정이다.

서툰 단계는 곧 의식적인 능력 향상의 단계이다. 이 단계는 능숙해지기 위해 반드시 거쳐야 하는데, 그 어떤 기술이라도 통달하기 위해서든 반드시 기본 단계를 밟고 지나야 하는 것과 마찬가지이다. 예를 들어 글씨를 익히는 과정을 살펴보자. 사람들의 상당수가 글씨를 알기 이전에 이미 말을 할 줄 안다. 하지만 글씨를 익히고 나서야 글자들이 서로 결합하여 하나의 단어를 이룬다는 사실을 알게 된다. 일단 그 사실을 알게 되면, 각각의 단어를 파악하기 위해 노력하게 된다.

'나'라는 단어를 보면, 'ㄴ'와 'ㅏ'라는 자음과 모음이 만나 비로소 '나'라는 단어가 만들어지고, 이것을 알게 되면 이제 의식적인 능력 향상의 단계로 넘어간다. 이 단계는 매우 서툰 행보를 보이는 단계이기도 하다. 이는 우리가 하는 행위 하나하나와 우리가 밟고 지나가는 단계 하나하나를 의식하고 있기 때문이다. 사람의 두뇌는 진행 중인 과정의 매 단계를 의식적으로 통달해야 하기 때문에, 이 단계는 반드시 필요하다고 할 수 있다. 이 과정을 완전히 습득하고 나서야 비로소 무의식적 능력 향상의 단계로 돌입할 수 있다.

무의식적 능력 향상의 단계는 매우 숙달된 단계로, 이번에는 무엇을 해야 할지 생각하지 않아도 자연스럽게 진행된다. 그저 자연스럽게 행동하기만 하면 된다. 각각의 음절을 자연스럽게 읽어 나가면서 자신이 그 음절을 하나하나 읽고 있다고 의식하는 사람이 과연 몇 명이나 될까? 당신은 고속도로를 달리다가 전광판에 나타난 글귀를 보면서, 자음과 모음을 따로 인식하고 마침내 전광판 위의 모든 글자를 다 읽었음을 의식하는가?

이것이 바로 무의식적 능력 향상 단계이다. 이 단계는 너무도 잘 알고 있어서 아무런 생각을 하지 않고서도 잘 해낼 수 있는 바로 그런 단계를 말한다. 그러나 이 단계 이전에는 항상 의식적 능력 향상의 단계가 선행되어야 함을 잊어서는 안 된다. 이 단계는 뭔가 새로운 것을 배우고자 할 때마다 반드시 되돌아가야 할 단계이다.

그렇다면 감동적인 목소리를 갖기 위해 어떤 연습을 해야 하는가? 이를 연습할 수 있는 유일한 방법은 큰 소리로 말하는 것뿐이다. 그러나 막연하게 그저 혼자서 말을 한다는 것은 매우 어려운 일이다.

따라서 이 경우에는 큰 소리로 읽는 것이 좋다. 많이 읽으면 읽을수록 목소리도 좋아지는 것을 깨달을 수 있다. 매일매일 큰 소리로 읽는 연습을 하다 보면, 당신의 목소리가 점차 듣는 사람을 편안하게 하는 목소리로 변해 가고 있음을 느끼게 될 것이다.

감동적인 목소리 창출법

1_ 방의 반대편에서 다른 사람에게 읽어 주어라

이 방법은 당신이 목소리를 크게 낼 수 있도록 도와준다.
물론 혼자서 크게 읽을 수도 있다. 하지만 그 정도로는 목소리의 모든 역량을 발휘할 수 없으므로 연습이 제대로 효과를 발휘하기 힘들다. 그러나 방의 반대편 끝에서 누군가를 대상으로 읽어 주거나 누군가가 있다고 가정하고 읽는 경우에는, 상대방의 귀에 당신의 목소리가 들려야 하기 때문에 큰 목소리를 내기 위해 애

쓰게 된다. 또한 읽는 속도를 천천히 하고 동시에 쉬어 가기를 적절하게 활용하게 된다. 혼자 읽을 경우에는 아무래도 경우에는 자신의 이해 속도에 맞추어 빨리 읽게 되지만, 다른 사람에게 읽어 준다면 당신이 읽고 있는 내용을 상대방이 이해해야 하므로 자동적으로 속도를 늦추게 되는 것이다.

2_ 읽을거리를 다양화하라

모든 종류의 자료를 큰 소리로 읽어라.

신문 기사는 사실 전달을 흥미롭게 할 수 있는 능력을 키워 준다. 소설의 경우에는 좀 더 감동적으로 읽어야 한다. 슬픈 내용은 듣는 사람이 슬픔을 느낄 수 있도록 읽어야 하며, 행복한 이야기라면 미소 띤 얼굴로 즐겁게 읽어야 한다. 광고문은 설득력 있게 읽는다. 만일 당신의 목표가 광고 속의 제품을 판매하는 것이라면 또 다른 표현 능력, 즉 설득력을 계발해야 한다. 시를 읽을 경우에는 먼저 그 시가 표현하고자 하는 분위기가 어떤 것인지를 파악하고 운율에 맞추어 감정을 과장되게 읽는다.

우선 신문 기사부터 시작해서 소설, 광고 순으로 진행하자. 그리고 마지막으로 시를 읽음으로써 연습을 마치도록 하라.

3_ 과장되게 표현하라

자료를 읽을 때는 표현을 과장되게 하라. 마치 연극이라도 하듯이 큰 소리로 읽는 연습을 하다 보면 목소리의 크기를 어느 정도로 조절해야 할지 파악할 수 있다. 또한 이런 과정을 통해서 자신이 하는 연습에도 친숙해질 수 있다.

자신의 목소리를 녹음해 보는 것도 좋다. 단, 이때는 녹음기를 방 반대편의 벽 쪽에 두어야 한다. 텍스트는 두 번 읽되, 처음에는 스스로 편안하다고 느끼는 크기로 읽고, 두 번째는 과장되게 읽는다. 녹음테이프를 뒤로 돌려 객관적인 입장에서 자신의 목소리를 들어 보고, 다음의 사항들을 확인해 보자.

· 감동이 너무 적었는가, 아니면 너무 많았는가?
· 화가 난 부분을 읽었을 때, 나의 목소리 역시 정말 화가 난 듯이 들렸는가?
· 읽는 속도는 적절했는가?
· 메시지는 정확히 전달되었는가?
· 어느 부분이 가장 진지하게 들렸는가?
· 어느 부분이 가장 설득력 있게 들렸는가?

두 번째 방법으로 읽을 때 훨씬 설득력 있다는 것을 알게 될 것이다. 하지만 두 번째 방법으로 읽을 때에도 충분히 과장되게 읽지 못했다면, 여전히 설득력을 갖지 못한다.

나는 사람들에게 이 방법에 대해 교육할 때 주로 비디오를 사용한다. 비디오를 사용하면 보디랭귀지와 목소리의 효과를 동시에 파악할 수 있다. 많은 학생들이 지나칠 정도로 과장해서 표현했다고 생각하는 부분조차 테이프를 감아 확인해 보면, 오히려 기대에 못하는 것을 발견하고 놀라곤 한다.

4_ 적절한 곳에서 쉬어 가라

큰 소리로 읽기를 시작하기 전에 사선(/)을 그어 쉬어 갈 곳을 표시하라. 그러면 읽기도 훨씬 쉬워지고, 어디에서 멈춰 쉬어야 할지도 잘 기억할 수 있게 된다.

쉬어 가기는 청중이 들은 내용을 소화할 수 있게 해 주는 매우 유용한 도구이다. 방 반대편 벽에 있는 상대에게 뭔가를 읽어 주고 있다고 가정해 보면, 쉬어 가기를 하기가 훨씬 수월해진다.

5_ 처음에는 한 번에 한 단락만 읽어라

큰 소리로 읽는 연습을 하면서 동시에 오랜 시간 동안 감동적인 목소리를 연출하기는 쉽지 않다. 어느 순간 자신도 모르는 사이에 일정한 음조로 원고를 읽어 내려가고 있음을 발견하게 될 것이다.

효과적으로 감동적인 목소리를 연출하기 위해서는 약 15줄 정도로 된 텍스트를 감동적인 목소리로 몇 번이고 반복해서 읽는 것이 가장 좋다. 이것이 장문의 텍스트를 일정한 음조로 읽어 내려가는 것보다 훨씬 큰 도움이 된다.

큰 소리로 읽는 연습은 비교적 짧은 시간 내에 당신의 목소리를 개선시켜 줄 것이다. 이 훈련을 통해 더 강조해서 읽어야 할 단어와 평범한 어조로 읽을 단어를 구분하게 된다. 또한 리듬감이 살아나고, 적절한 부분에서 쉬어 줄 수도 있게 된다. 지나치게 높은 음색도 고칠 수 있는데, 이는 힘 있게 말한 결과 생기는 효과이다.

5
보디랭귀지로 마무리하라

촌스러운 당신의 보디랭귀지를 개선하라

앨버트 메러비언 교수는 자신의 저서에서 '효과적인 말하기'의 55%는 시각적 효과에 달려 있다고 말했다. 여기에서 시각적 효과란 청중의 시각에 반영되는 모든 것들, 즉 연단, 연사의 의상, 기타 시각 광고 등을 포함한다.

하지만 이 중에서 당신이 효과를 극대화하여 변화시킬 수 있는 것은 당신 자신뿐이다. 그렇다면 어떻게 해야 55%의 효과를 극대화시킬 수 있을까? 답은 아주 간단하다. 보디랭귀지를 완벽하게 사용하는 것이다.

보디랭귀지는 그 자체만으로도 흥미로운 소재이다. 왜 우리는 신체의 각 부분을 움직이거나 얼굴의 근육을 움직여 자신의 감정을 드러내는 것일까? 동물학자들은 동물들이 취하는 몸짓의 대부분에는 나름의 의미가 담겨 있다고 말한다.

사실 인간에게도 보디랭귀지는 기본적으로 언어의 일부였다. 예를 들어서, 우리는 말을 하면서 곧잘 양손을 이용한다. 이런 동작은 감동을 더해 주기도 하고 말하고자 하는 의미를 더욱 정확하게 전달하기도 한다.

또한 사람은 화가 나면 무의식적으로 안면 근육의 일부가 움직이면서 얼굴 전체에 화난 표정을 짓게 된다. 이때 두 눈과 입 주위는 물론, 온몸의 근육 역시 싸움터로 나갈 사람처럼 긴장으로 고조된다. 만일 이런 보디랭귀지가 뒷받침되지 않는다면 화가 났다는 메시지가 위협적으로 전달되지 않을 것이다.

보디랭귀지는 본능적인 표현 수단이다. 자신을 둘러싸고 있는 문화에서도 많은 보디랭귀지를 학습하지만, 기본적인 감정 표현으로서의 보디랭귀지는 선천적으로 습득한 것들이다. 아무도 어린아이에게 웃는 법이나 우는 법을 가르쳐 주지 않는다. 그런데도 갓 태어난 아기들조차 행복하면 얼굴 가득 미소를 지으며 웃음소리를 내고, 화가 나면 운다.

정확한 보디랭귀지는 사람들 앞에서 이야기할 때 매우 중요한 역할을 차지한다. 당신의 보디랭귀지는 당신이 전하고자 하는 메시지를 전달하는 데 도움이 될 수도 있지만, 잘못 사용할 경우 오히려 반대 효과를 가져온다. 메시지와는 반대되는 의미를 던져 줌으로써 듣는 사람을 혼란스럽게 할 수도 있다는 말이다. 또한 강인한 힘이 잠재된 메시지도 보디랭귀지가 빠짐으로 인해 평범하고 잠만 쏟아지게 만드는 메시지로 전락될 수 있다.

보디랭귀지를 적절하게 활용하면 평범한 연설을 매우 자극적이고 강도 높은 메시지로 변화시킬 수 있다. 보디랭귀지를 적절하게 사용해 큰 효과를 보는 대표적인 예가 바로 정치가들이다.

1996년 미국 대통령 선거에서 빌 클린턴이 밥 돌Bob Dole을 누르고 승리를 하는 데 결정적으로 기여한 것은 바로 클린턴이 지닌 개방적이고 유쾌하면서도 신뢰감을 주는 태도였다. 클린턴의 정책과 부적절했던 행동에 대한 돌의 공격이 하나같이 주효했음에도 클린턴은 승리했다. 돌이 클린턴을 비판하는 데 너무 열심이었던 것이 오히려 부정적인 영향을 미친 것이다. 그의 공격 태도가 지나칠 만큼 가혹하고 음울하고 세속적이어서 오히려 유권자들이 클린턴을 뽑지 않도록 설득하는 데 실패했다. 그는 공격적인 이야기에만 너무 몰두한 나머지 유쾌함과 신뢰감을 주는 제스처를 잊은 것이다. 이것이 바로 프레젠테이션에서 음성과 시각적 효과가 얼마나 중요한지 단적으로 보여 주는 사례이다. 이러한 요소들을 확실하게 극대화시키지 못한다면 당신의 말하기는 실패하고 말 것이다.

당신이 사람들 앞에서 이야기하는 목표를 달성하기 위해 보디랭귀지의 역할은 매우 중요하다. 보디랭귀지는 특히 긴장했을 때 많이 사용하게 되는데, 인간은 시각에 매우 민감해서 당신의 움직임은 모두 청중에게 포착된다. 초조감이 묻어나는 미소, 계속 흔들어 대는 손, 어색한 머리 위치, 꽉 쥐고 있는 주먹……. 이런 것들은 앞서 말한 55%를 극대화시키는 데 방해만 될 뿐이다.

보디랭귀지를 적절하게 사용하는 방법은 매우 간단하다. 몇 가지의 사소한 비밀이 당신의 촌스러운 보디랭귀지를 세련되게 바꾸어 줄 것이다. 보디랭귀지의 주체가 되는 신체 여섯 부분을 어떻게 움직일 것인가, 이것만 잘 배우면 목표는 달성된다.

- 손의 동작
- 자세
- 머리의 위치
- 다리와 발의 위치
- 눈 맞추기
- 표정 관리

어디에 둬야 할지 부담스러운 손, 이렇게 처리하자

1 손을 어디에 둘 것인가

많은 사람들이 연설을 하면서 손을 어디에 두어야 할지 몰라 고민스럽다고 말한다. 실제로 손을 어떻게 활용하는가는 상당히 중요하다. 손은 잘만 활용하면 정말 훌륭한 보디랭귀지 도구가 되기 때문이다.

손을 가장 자연스럽게 하는 자세는 팔꿈치를 편안하게 편 채 두 손을 양옆으로 늘어뜨리면서 배꼽 근처에 모으는 것이다. 이것은 팔과 손 모두 편한 자세이다. 손은 팔의 부속 기관이기 때문에 팔이 긴장하면 손 역시 불편함을 느끼게 되고, 손이 불편해지면 팔은 더욱 긴장하게 된다.

또 다른 방법이 있다. 파티에서는 대부분의 사람들이 양손에 음료수나 음식 접시를 허리에 오도록 들고 있는데, 그 자세가 가장 편안하기 때문이다. 이때는 손을 어떻게 해야 할지 고민할 필요도 없다. 그러나 사람들 앞에서 이야기하면서, 혹은 사무실에서 일하면서 두 손에 음식 접시나 컵을 들고 있을 수는 없는 일이다. 이때는 접시나 컵 대신 펜을 들고 연습해 보자. 자리에서 일어나 다른 곳으로 이동할 때는 늘 펜을 들고 가라. 제자리에 서서 동료와 이야기를 나눌 때에도 손에 펜을 들고 있어라. 그러나 이때 펜을 가지고 손장

난을 해서는 안 된다. 빙글빙글 돌린다든지, 뚜껑을 열었다 닫았다 해서는 안 된다. 이러한 동작은 매우 불안해 보이기 때문이다.

펜의 위치는 당신이 두 손을 자연스럽게 늘어뜨렸을 때 손이 있어야 할 장소를 가르쳐 주고 있다. 이제 손을 어디쯤 두어야 할지 알았다면, 더 이상 손 문제로 고민할 필요가 없다. 이쯤 되면 펜의 사용을 중단해도 된다. 오히려 펜을 들고 있는 것이 불편하게 생각될 테니까. 필요하다면 언제든 펜을 활용해 다시 연습하라.

2_ 펜을 사용해 손 위치를 교정하는 법

우리는 그동안 말을 하면서 두 손을 움직이는 것은 점잖지 못한 행동이라고 배웠다. 때문에 많은 연사들이 두 손을 감추거나 움직이지 못하도록 완벽하게 제동을 걸어 두곤 한다. 그들은 말하는 동안 절대 손을 움직이지 않는다. 하지만 이런 자세는 청중에게도 매우 불편해 보인다. 두 손이 등 뒤에 단단히 조여져 움직이지 않는 상태에서는 몸의 움직임 역시 상당히 부자연스럽기 때문이다.

손만 잘 활용해도 청중에게 당신의 움직임이 자연스럽다는 인상을 줄 수 있으며, 당신에 대한 신뢰감을 높여 줄 수도 있다. 손은 관심을 유발시키며, 핵심을 강조하는 데 도움이 된다. 또한 당신의 이야기에 청중을 집중시킬 수 있다. 그리고 당신을 자연스럽고 자신만만하며 흡인력 강한 사람으로 보이게 한다.

자연스런 손동작을 위해서는, 먼저 어느 시점에서 두 손이 배꼽 근처에 머물러야 하는가를 알아야 한다. 손을 비롯해 몸의 모든 움직임은 말하고 있는 내용에 따라 자연스럽게 흘러가는 것이므로, 단순히 이러이러한 리듬에 따라 몸을 움직이라고 제시할 수는 없다. 몸짓은 연사의 말에 의미를 더해 주고, 그것을 강조하는 역할을 한다. 몸짓을 과장하게 한다고 해서 의미가 한층 더 강조되는 것은 아니다. 오히려 말하고자 했던 의미에 모순이 발생할 수도 있다.

당신은 이제 자신의 몸짓이 매우 미미하다는 것을 깨달았을지도 모른다. 움직임이 없다가 어느 순간 갑자기 몸짓의 반경이 커지거나 요란해지는가? 하지만 그런 몸짓이 당신이 하고 있는 말의 내용과 정확히 일치한다면 분명 효과가 있을 것이다.

손에 펜을 들고 있으면 자연스러운 몸짓을 배우기가 쉽다. 손에 아무것도 들고 있지 않을 때에 비해 손동작이 훨씬 자연스럽기 때문이다. 아래에 제시한 대로 연습해 보면, 어떻게 해야 손을 자연스럽게 움직일 수 있는지 배울 수 있다.

방법 1_ 한 손에 펜을 쥔다. 두 손을 같은 자세로 내려뜨린 뒤, 긴장이 풀린 듯한 편안함을 느껴 본다. 한 손을 부드럽게 오른쪽으로 움직여 본다. 편안한가? 이번에는 다른 쪽 손을 왼쪽으로 움직여 본다. 얼마나 편안한 느낌이 드는가? 이번에는 두 손을 원래의 자리로 돌아오게 한 뒤, 손가락을 가볍게 튕겨 본다. 이때도 동작은 부드럽게 한다.

방법 2_ 펜을 든다. 두 팔과 두 손은 몸통 옆선을 따라 아래로 곧게 늘어뜨린다. 동료 쪽으로 걸어가 뭔가를 부탁한다. 일을 마치면 다시 손을 배꼽 근처까지 끌어올린다.

방법 3_ 펜을 손에 들고 누군가와 대화를 나눈다.

방법 4_ 펜을 들고 사무실 내부, 혹은 집안을 거닐어 본다. 이때 두 팔은 발걸음에 따라 자연스럽게 움직이도록 둔다.

이런 연습은 당신이 사람들 앞에서 말할 때 어떻게 움직여야 하는지 보여 준다. 어느 정도 연습이 되면 두 손의 움직임이 자연스럽게 느껴질 것이다. 두 손이 적절한 위치에 잘 놓여 있다면, 손 자체를 의식하지도 않게 될 것이다. 그렇게 될 때까지 사람에 따라 한 달이 걸릴 수도, 1년이 걸릴 수도 있다. 하지만 기간은 중요치 않다. 새로운 기술을 습득하는 데 구체적인 기간을 정할 필요는 없다. 중요한 것은 얼마 만에 기술을 습득하는가가 아니라 무엇을 배우느냐이다.

나는 지금도 가끔씩 펜을 들고 연습한다. 연습 동작은 아주 자연스럽고 간단하다. 그렇지만 손을 두는 위치 때문에 어려움을 겪지 않는다. 이미 나의 두 손은 스스로의 위치가 어디인지 정확하게 파악하고 있기 때문이다.

몸짓은 당신의 말에 리듬감을 더해 주며, 핵심을 강조하는 데 도움이 된다. 몸짓은 본능적인 것이기 때문에 결코 억누를 수 없다. 따라서 끊임없이 계발하기 위한 노력을 기울여야 한다. 몸짓은 각자의 것이기 때문에 자기 자신의 감동을 담은 몸짓을 계발하는 것이 중요하다. 따라서 당신의 몸짓이 당신의 메시지를 더 강화시켜 줄 수 있도록 노력하라.

서 있는 자세를 결정하는 머리와 다리

힝싱 등을 곧게 펴고 서라. 이때 자연스러움이 중요하다. 마치 등 뒤에서 누군가가 머리카락을 위로 잡아당기고 있는 것처럼 뻣뻣하게 서 있어서는 곤란하다. 어깨는 약간 뒤로 젖히되 추켜올려서는 안 된다. 긴장감을 덜기 위해 심호흡을 하라.

1_ 머리는 턱과 일직선상에 둔다

당신의 머리 역시 자세만큼이나 곧아야 한다. 한쪽으로 비스듬히 숙이지 않도록 한다. 쉬운 방법이 있다. 우선 넥타이나 셔츠의 단추를 내려다본다. 넥타이를 하지 않았거나 셔츠에 단추가 없다면 그런 차림이라고 가정한다. 그 상태에서 고개를 그대로 들면 머리는 턱과 넥타이와 완벽한 일직선상에 있게 된다. 그러고 나서 턱을 약간 치켜든다. 이제 당신의 머리는 꼿꼿하고 바른 자세이다.

2_ 턱은 적당히 들어라

당신의 턱은 알파벳의 대문자 L 형태를 하고 있다. 고개를 너무 쳐들거나 숙이고 있으면 L자 형태가 나오지 않는다. 만약 턱을 너무 높이 쳐들게 되면, 건방지거나 도도하다는 인상을 줄 수 있으니 주의하라.

3_ 다리와 발의 위치

<u>남자의 경우</u>

두 발을 엉덩이만큼 벌리고 서서 두 발이 동일선상에 있도록 한다. 물론 두 발이 오리걸음을 걷듯이 팔자 형태로 벌어지면 안 된다. 체중을 양쪽 다리에 분산하여 싣는다. 체중을 한쪽으로 몰아서 싣게 되면 몸이 좌우로 가볍게 흔들릴 수 있다. 또한 체중이 뒤꿈치

쪽이나 발가락 끝 쪽으로 실리면 몸이 앞뒤로 가볍게 흔들릴 수 있다. 이런 흔들림은 당신을 연약해 보이게 할지도 모른다. 강인한 자세에서 힘이 나온다는 것을 기억하라.

<u>여자의 경우</u>
두 발을 엉덩이만큼 벌리지 않아도 된다. 발 간격은 5~6cm 정도로 하고, 두 발이 동일선상에 오도록 하거나 한쪽 발이 앞으로 약간 더 나오도록 선다. 체중을 두 발 전체에 똑같이 나누어 실어야 몸이 흔들리는 것을 방지할 수 있다.

시선은 청중의 눈을 향해야 한다

청중의 눈을 똑바로 바라보지 않고는 당신이 말하고자 하는 것을 효과적으로 전달할 수 없다. 청중을 대충 훑어보는 것만으로는 진지하다는 느낌을 줄 수 없다. 실질적인 눈 맞추기가 이루어지지 않을 때, 시선은 늘 조금 위쪽을 향하거나 조금 아래쪽을 향하게 된다. 즉 청중의 머리 꼭대기를 쳐다본다거나 사람과 사람 사이의 공간을 본다거나, 그도 아니면 대충 청중을 뭉뚱그려 훑듯이 바라보고 마는 것이다.

1996년 가을에 클린턴과 돌의 대담에서 있었던 일이다. 클린턴은 질문을 받을 때마다 연단에서 질문자 쪽으로 걸어 나와 직접 답을 들려주었다. 질문에 대한 답을 마치고 나면 제자리로 돌아가 따사로운 시선으로 청중 전체를 돌아보면서 다시 이야기를 이어 나갔다. 이와는 대조적으로, 돌은 연단에 그대로 서서 청중 전체를 대상으로 답변했다. 그의 눈은 마치 스캐너와 같이 청중을 훑어보며 지나갔다. 돌은 선거에서 이겨야 한다는 생각으로 질문에 대한 답변을 정확히 하는 데 노력을 집중했다. 반면 클린턴은 자신이 하고 있는 말 하나하나를 청중이 이해하도록 정확히 전달하기 위해 세심한 주의를 기울이는 것을 느낄 수 있다.

이것이 바로 연사의 능력이다. 연사는 자신이 의도했던 대로 청중을 이끌어 나가는 주인공이다.

긴장을 풀고 적절한 타이밍에 미소 지어라

수많은 시각적 효과 중에서도 연사의 얼굴은 가장 비중이 크다. 때문에 손을 얼굴에 얹거나 발을 쳐다봄으로써 자신의 얼굴을 가리는 행동은 절대 하지 말아야 한다.

얼굴은 모든 보디랭귀지 중에서도 표현력이 가장 풍부한 부분이다. 얼굴을 통해 미소를 지어 보일 수도, 눈살을 찌푸릴 수도, 동감을 표현할 수도, 화가 났다거나 믿음을 갖고 있음을 보여 줄 수도 있다. 당신의 모든 감정을 얼굴을 통해 드러낼 수 있는 것이다.

여기서 '드러낼 수 있다'고 표현한 것은, 반대로 안면 근육은 이 모든 감정을 감출 수도 있기 때문이다. 많은 연사들은 프로로 보이기를 바라는 마음에서 매우 무미건조하고 딱딱한 표정을 연출한다. 하지만 사람의 얼굴은 모든 동물 가운데 가장 복잡한 근육 조직을 갖고 있다. 이런 근육을 하나하나 이용하여 당신의 표현 능력을 배가시키는 것이 효과적인 연설을 통해 당신이 전하고자 하는 바를 효과적으로 전할 수 있는 길이다.

적당한 시점에서 미소를 지어 보라. 물론 강연 내내 엷은 미소를 지으면 더 좋다. 그러나 우선은 자신의 얼굴을 분석해 보고, 다양한 표정을 연출하는 연습부터 해야 한다.

특히 눈은 표현력이 가장 풍부한 부분이다. 얼굴 전체의 표정과 두 눈에 담고 있는 표정이 서로 조화를 이루도록 하라. 이것은 거울 앞에 서서 다양한 종류의 이야기를 하면서 연습할 수 있다. 긴장을 푼 편안한 얼굴은 감정이 매우 풍부한 것처럼 보이게 한다.

자신을 정확하게 인식하는 것이야말로 변화의 열쇠이다. 스스로의 문제점을 파악하지 못한다면 결코 문제를 해결할 수 없기 때문이다. 우선은 편안한 상태일 때의 자신의 얼굴에 대해 파악하도록 하자. 또 다른 사람의 얼굴도 분석해 보자.

많은 사람들 앞에서 이야기하는 당신의 얼굴을 클로즈업해서 찍어 놓는 것도 좋다. 이렇게 근접 촬영한 필름을 보면서 객관적인 입장에서 자신의 표정을 분석하는 것이다. 이런 연습을 반복하되, 연습을 거듭할수록 표정을 조금씩 더 풍부하게 연출해 본다.

어떤 표정이 가장 마음에 드는가. 만족한 얼굴 표정이 나올 때까지 계속 연습하라. 굳이 자신의 모습을 촬영하지 않더라도 거울을 사용해서 연습할 수 있다. 말하는 동안 자기 표정을 살펴라. 여전히 별다른 효과가 없다면 아직 연습이 부족한 것이다.

첫인상은 60초 안에 결정된다

우리는 살면서 "좀 더 일찍 준비해 놓았더라면……" 하고 후회하는 일이 종종 있다. 막상 일이 닥쳐서야 후회하는 것이다. 하지만 이렇게 후회하며 살기에는 인생이 너무 짧다. 만일 당신의 목표를 이루는 데 결정적으로 부족한 것이 있다면, 그것을 찾아내고 채우기 위해 노력하라!

똑같은 원리가 인상에도 적용된다. 당신이 청중에게 주는 첫인상, 청중이 당신에 대해 갖게 된 첫인상은 강연 시작 60초 이내에 결정된다.

　당신의 기억을 돌이켜 보라. 이야기조차 나눠 보지 않은 상대의 인상을 이미 결정해 버린 경우가 얼마나 많았는가. 그 최초의 만남 이후 지금까지도 당신은 그 사람에 대한 첫인상을 마치 그 사람의 실체인 양 지니고 있다. 물론 만남을 거듭하며 첫인상이 바뀔 수도 있다. 하지만 처음부터 좋지 않은 인상을 심어 줄 필요가 있을까? 좋은 첫인상을 심어 줄 수 있다면 그게 최선일 것이다.

　당신이 사람들 앞에서 이야기해야 하는 경우, 자리에서 일어나 연단으로 걸어갈 즈음에 청중은 이미 당신의 첫인상을 결정해 버린다. 따라서 초반에 어떤 인상을 심어 주느냐는 특히 중요하다.

　어떤 옷을 입어야 할까? 어떤 색의 양복을 입고, 어떤 색은 피하는 것이 좋을까? 체형을 고려했을 때 어떤 스타일의 양복 상의가 잘 어울릴까? 머리 모양과 색깔, 안경 스타일, 구두, 그리고 여성인 경우 스타킹 색깔은? 더 나아가 향수는 어떤 것을 선택해야 하며, 메이크업은 어떻게 해야 할까?

　실제로 나는 이미지 관리사를 직접 찾아가, 나의 머리끝부터 발끝까지 모든 특성에 대해 상담을 받았다. 그제야 나는 늘 좋은 옷을 입는데도 불구하고 왜 그렇게 촌스러워 보였는지를 알 수 있었다. 색을 잘못 선택했던 것이다. 즉 내게 어떤 색이 어울리는지 생각하기 전에, 어떤 색이 유행인지를 먼저 생각했다. 하지만 이제는 내게 어울리는 색의 옷을 선택해 적절하게 입는다고 확신하기 때문에, 어떤 자리에서건 편안한 마음으로 일어설 수 있게 되었다.

내가 배운 이미지 관리 규칙은 다음과 같다.

첫째, 유행을 따라 움직이지 마라. 당신에게 어울리는 것을 선택하라.

둘째, 강연의 대상이 어떤 사람들인지 파악하고 그 자리에 어울리는 옷을 입어라.

셋째, 산뜻하고 깔끔한 인상을 유지하라.

이제 남녀를 구분하여 상세한 지침을 소개해 보겠다.

남성을 위한 이미지 관리 요령

1_ 재킷

재킷을 입을 때는 반드시 단추를 잠궈야 한다. 잘 여며 입은 재킷은 청중에게 당신이 말쑥하고 잘 정돈된 사람이라는 인상을 심어 줄 것이다.

와이셔츠의 소매는 재킷 소매 아래로 최소한 2.5cm 정도 나오는 것이 좋다. 우선 몸에 잘 맞는 와이셔츠를 고른 후, 거기에 맞추어 재킷 소매의 길이를 조금 짧게 조정하면 된다. 이것은 어느 양복점에서든 해 주는 기본적인 서비스이다.

재킷이 몸에 잘 맞는지 확인한다. 너무 꽉 껴도 안 되고 너무 헐렁헐렁해도 안 된다. 판매원의 말만 믿고 그대로 구입해서는 안 된다. 재킷을 구입할 때에는 항상 단추를 모두 채운 뒤 옷이 편안한지 확인해야 한다. 팔을 움직여 보면 잘 알 수 있다.

2_ 바지

바지는 허리가 잘 맞아야 한다. 벨트를 하지 않은 상태에서도 잘 맞는 것을 골라라.

바지 길이는 전문가에게 맡겨라. 항상 구두 굽에서 손가락 마디 하나 정도 위로 올라오도록 재단하되, 절대 바닥에 끌리지 않도록 한다.

바지의 통은 너무 넓지도, 좁지도 않은 것을 고른다. 유행에 민감한 것보다는 오히려 약간 보수적인 느낌을 주는 게 낫다.

캐주얼 재킷과 바지를 입을 때도 색상을 똑같이 맞추려고 너무 애쓸 필요는 없다. 오히려 암청색과 회색, 또는 갈색과 베이지색처럼 조화를 이루는 색상으로 차려입는 것이 훨씬 세련된 인상을 준다.

3_ 와이셔츠

셔츠 색상은 재킷과 조화를 이루어야 한다. 또한 긴소매 셔츠를 입을 때는 소매의 길이에도 신경 써야 한다.

목 부위가 너무 조이는 것은 피하라. 맨 위의 단추를 잠근 상태에서 손가락 하나 정도 들어갈 만큼의 공간이 있어야 좋다. 만일 그 정도의 공간이 없다면 한 치수 큰 것을 선택하라. 손가락 두 개가 문제없이 들어갈 정도라면 한 치수 작은 것으로 입어야 한다.

정장을 할 필요가 없을 때는 골프 셔츠 정도가 무난하다.

4_ 넥타이

넥타이 색상은 재킷, 와이셔츠와 잘 어울리는 것으로 선택한다. 넥타이의 길이는 벨트선 바로 위까지 오도록 맨다.

5_ 구두와 양말

구두는 항상 발이 편한 것으로 사야 한다. 광택이 나도록 잘 닦였는지, 굽에 문제는 없는지 확인해 본다.

옷과 구두의 색이 잘 어울리도록 매치시킨다. 의상이 정장일수록 구두도 보수적인 느낌을 주는 것으로 선택한다.

양말 스타일과 색상은 의상과 구두에 맞춘다. 발목이 잘 조여졌는지, 흘러내리지는 않는지 확인한다. 흰 구두를 신었을 때를 제외하고 흰 양말은 절대 신지 않도록 한다.

6_ 액세서리

액세서리에 대해서는 명확한 규칙이 없다. 단, 시계는 품위 있는 것으로, 벨트는 가죽 제품을 이용하는 것이 좋다. 커프스 버튼은 우아한 멋을 더해 줄 수 있다.

여성을 위한 이미지 관리 요령

모든 여성들은 세련돼 보이고 멋져 보이기를 원한다. 그러기 위해서 언제나 최신 유행하는 옷을 선택하는 사람이 있는데, 이것은 좋은 방법이 아니다. 유행과는 상관없이 자신에게 잘 어울리는 옷이 보는 사람들에게도 편안함을 준다.

사람들 앞에 서기 위해 세련되면서도 점잖은 의상을 따로 마련하는 것도 좋은 방법이다. 칙칙한 색보다는 오히려 약간 화사한 색이 낫다. 하지만 이 경우에는 색상이 자신에게 잘 어울리는지 반드시 확인해야 한다. 각자의 피부색에 어울리는 색깔의 옷을 제대로 선택한다면, 따사로우면서도 강인한 느낌을 줄 수 있을 것이다.

1_ 스커트와 원피스 길이

스커트 길이는 매우 다양하다. 무릎까지 내려오는 것도 있고, 무릎 아래로 더 내려오거나 혹은 무릎 위로 올라가는 것도 있다. 어떤 것이 당신에게 가장 잘 어울리는가? 가장 중요한 것은 당신에게 어울리는가 하는 것이다.

스커트를 고를 때 주의해야 할 점은 청중의 연령대를 고려해야 한다는 것이다. 만약 나이 든 청중이 많다면 너무 짧은 스커트는 청중의 반감을 살 수도 있을 것이다. 또 청중의 시선을 분산시키고 강연에 집중하는 것을 방해하기도 한다. 모든 것을 고려했을 때 가장 무난한 것은 무릎길이의 스커트이다.

2_ 액세서리

너무 반짝이거나 현란한 디자인의 액세서리는 피한다. 오히려 청중의 집중을 방해할 수 있기 때문이다. 액세서리를 착용하는 것은 좋지만, 당신보다 액세서리가 더 튄다면 오히려 하지 않는 게 낫다.

3_ 구두와 스타킹

의상과 조화를 이루어야 한다. 스타킹의 경우, 피부색과 비슷한 색을 고르는 것이 보는 사람들에게 부담이 없다.

키가 작은 사람이 지나치게 굽이 높은 구두를 신는 것은 피하는 게 좋다. 중간 굽, 혹은 단화가 오히려 우아하고 편안한 느낌을 준다. 당신은 연단에 서 있거나 걸어 다닐 때 구두 굽 때문에 뒤뚱거리는 일 없이 품위 있어 보이기를 바랄 것이다. 그러므로 구두를 고를 때는 자신에게 맞는 편안한 것으로 선택하는 것이 좋다.

4_ 메이크업과 헤어스타일

세련되면서도 자연스러워 보이는 메이크업을 하라. 너무 피곤해 보이거나 수척한 느낌을 주어서는 안 된다. 메이크업이 잘되었을 때는 좋은 인상을 줄 수 있지만, 잘못되었을 때는 안 하는 것만 못하게 될 수도 있다.

헤어스타일은 단정하고 깔끔한지 확인하라. 프레젠테이션을 하기 전에 가능하면 미용실을 찾는 것이 좋다. 이때도 가장 중요한 것은 그날의 분위기에 맞도록 연출하는 것이다.

02

실전에서
자신 있게
말하기

6
어떻게 이야기를 전개할 것인가

목적에 따라 달라지는 5가지 유형의 말하기

사람들 앞에서 이야기하는 목적은 때에 따라 달라진다. 때로는 당신 회사의 상품이나 서비스를 판매하기 위해 사람들을 설득하기도 하며, 공식적인 자리에서 감동을 전하기 위한 말하기도 있다. 사람들을 가르치거나 이들에게 특정 행동을 이끌어 내기 위해 이야기하는 경우도 있다.

사람들 앞에서 이야기할 때는 그 목적을 분명히 하고 청중으로부터 무엇을 얻을 것인지를 생각한 후에 청중에게 접근해야 한다. 청중을 파악하고, 구체적인 원고를 작성하여 이야기할 내용을 구체화해야 한다. 또 목소리와 차림새 등 모든 준비를 마쳐야 한다. 이와 같은 것들은 어떤 내용의 이야기를 하든지 동일하게 적용되는 규칙이다. 하지만 구체적으로 어떻게 진행할 것인지 그 방법은 때에 따라 달라져야 한다.

우선 당신이 이야기하는 목적에 따라 세일즈, 교육, 감동, 선동, 사실 설명을 위한 경우 등 5가지로 분류할 수 있다. 어떤 유형의 이야기를 할 것인가? 당신이 해야 할 이야기의 유형을 결정하는 일은 곧 당신이 청중에게 어떤 정보를 전달해야 하는가를 결정하는 일이기도 하다.

예를 들어 회사에서 새로 선보인 선글라스를 소매업자들에게 판매해야 한다고 하자. 당신은 이미 당신이 말하고자 하는 바가 무엇인지를 정확하게 파악하고 있다. 당신은 소매업자들에게 왜 이 선글라스를 선택해야만 하는지를 말해야 한다. 그렇다면 과연 이러한 정보를 어떤 방법으로 전달해야 그들을 설득해 낼 수 있을 것인가? 세일즈를 위한 말하기의 규칙들을 따르다 보면 당신은 쉽게 그 방법을 발견할 수 있을 것이다.

자신이 어떤 내용을 이야기할 것이며 그 목표가 무엇인지를 명확히 결정했다면, 그것은 어떤 유형의 말하기를 할지 파악한 것이다. 이제 해야 할 일은 그들에게 어떤 식으로 정보를 전달할 것인가를 고민하는 것이다. 모든 이야기는 그 속에 정보를 담고 있어야 한다. 그렇다면 과연 어떻게 이 정보를 청중에게 전달할 것인가?

만약 당신이 시작 단계에서부터 세일즈를 위해 이야기하고 있다는 점을 명확히 인지했다면, 당신의 전하는 정보는 매우 설득력 있게 전달되어야 한다. 그러나 프로그램의 내용을 대중에게 알리는 것을 목적으로 한다면 이야기를 전개하는 방식은 앞의 것과는 전혀 다른 방식으로 이루어져야 할 것이다. 이 경우에는 훨씬 더 교육적이어야 한다. 이는 당신의 역할이 청중에게 새로운 내용을 가르치는 것은 물론 그들이 배운 사실을 확고하게 신뢰하도록 만드는 것이기 때문이다.

당신은 청중 앞에 나아가 발표를 하기 전에 반드시 성공적으로 이야기를 마치고 목표를 달성할 수 있을 것이라는 확신을 가져야 한다. 어떤 유형의 이야기를 어떤 방식으로 전개할 것인가를 고민하는 일은 이런 문제를 해결하는 데 도움을 줄 것이다.

- 세일즈 프레젠테이션 - 설득력 있게
- 예식 프레젠테이션 - 감동적으로
- 교육 프레젠테이션 - 교육적이고 감동적으로
- 선동 프레젠테이션 - 설득력 있고 감동적으로
- 사실 설명 프레젠테이션 - 교육적으로

7
세일즈를 위한 말하기

흥미롭다고 물건이 잘 팔리는 것은 아니다

'세일즈를 위한 말하기'란 판매 및 마케팅과 관련된 이야기를 하는 경우, 즉 청중을 설득시키는 일과 관련된 것을 말한다. 여기에는 콘셉트, 상품, 서비스, 제안, 이윤, 그리고 연사 자신에 대한 홍보 등이 포함된다.

세일즈를 위해 이야기하는 경우 당신의 목표는 재화 및 용역을 판매하는 것이다. 따라서 정보 전달이 역시 매우 설득력 있게 이루어져야 한다. 물론 당신 역시 이러한 사실을 잘 알고 있을 것이다. 그렇다면 당신의 경험을 돌이켜 보자. 실제로 이야기를 마쳤을 때 청중이 다가와 악수를 청하며 "수고하셨습니다. 아주 흥미로운 발표였습니다"라고 말하는 일이 얼마나 있었는가?

그런데 당신의 목표는 단지 '흥미로운 발표'인가? 세일즈맨인 당신은, 당신의 이야기가 단지 흥미로운 이야기만으로 끝나기를 바라지는 않을 것이다. 이것은 한 젊은이가 숙녀에게 데이트를 신청하자 "당신은 정말 멋지고 훌륭한 분이에요. 하지만 좀 바빠서요"라는 대답을 듣는 것과 같은 경우이다.

당신이 원하는 것은 그들이 무엇인가를 구매하는 것이다. 이야기를 마쳤을 때 청중이 계약도 하지 않은 채 자리를 뜬다면 당신은 패배감을 느낄 뿐 아니라 매우 자존심이 상할 것이다. 더욱이 당신이 모든 규칙을 철저히 준수했고 필요한 모든 정보를 충실히 전달했는데도 이런 상황이 벌어졌다면 당신의 상처는 더욱 클 수밖에 없다.

그렇다면 왜 이런 일이 벌어지는 것일까? 우선은 청중이 당신의 의견에 동의하지 않기 때문이다. 어쩌면 청중은 당신이 제시한 재화나 용역을 별로 좋아하지 않을지도 모른다. 그러나 대부분의 경우, 가장 중요한 이유는 당신이 이야기를 하는 동안 당신이 제공한 정보에 청중이 설득당하지 않았기 때문이다.

이야기가 흥미롭게 진행되었다고 해서(사실 이것은 대단히 중요한 일임에도) 반드시 물건이 팔리는 것은 아니다. 따라서 청중을 설득하지 못했다면 당신의 역할을 제대로 수행해 냈다고 할 수 없다는 점을 명심해야 한다.

카를로가 빠뜨린 중요한 정보

카를로는 부동산 회사에 근무하고 있었다. 어느 날, 그는 많은 사람들을 대상으로 부동산 투자를 권유하는 내용의 프레젠테이션을 하게 되었다. 그때까지 실적이 부진했던 터라 그는 내심 이번이야말로 회사 내에 자신의 능력을 보여 줄 절호의 기회라고 생각했다.

그는 사람들 앞에서 이야기하기 위한 모든 준비를 마친 후 내게 평가를 부탁했다. 나는 그의 이야기를 들으면서 연사 스스로 자신이 무엇을 원하는지를 정확히 안다는 것(즉 매우 강력한 목표를 설정하는 것), 그리고 어떤 유형의 이야기를 할지를 결정하는 것이 얼마나 중요한지 다시 한 번 절실히 깨달을 수 있었다.

카를로가 이야기를 마치자 나는 그에게로 다가가 잔혹하게 한마디 해 주었다.

"정말 재미있었어요. 내가 만일 청중이었다면, 부동산은 확실히 좋은 투자 대상이라는 점에 동의하겠어요. 하지만 계약을 위해서는 다른 부동산 컨설팅 회사를 찾겠어요."

카를로는 자신의 고객을 다른 회사에 빼앗길 수 있다는 말에 경악을 금치 못했다. 곧 그와 나는 머리를 맞대고 무엇을 어떻게 해야 할지 토론하기 시작했다.

먼저 그에게 이야기하는 목표가 무엇인지 묻자 그는 부동산이 얼마나 훌륭한 투자 대상인지를 청중에게 교육시키는 것이 목표라고 말했다. 그것은 그가 조금 전에 나를 대상으로 한 일이었다. 그는 나에게 부동산 투자가 가져다줄 수 있는 이점에 대해 교육했던 것이다. 그가 이야기하는 목적이 이것이라면, 그는 매우 성공적으로 목표를 완수한 것이라고 할 수 있다. 하지만 그는 부동산 투자 계약을 이끌어 내지는 못했다.

나는 카를로에게 왜 청중들을 부동산에 투자하도록 만들려고 하는지 물었다. 그는 부동산이야말로 매우 좋은 투자 대상이라고 스스로 확신하고 있기 때문이라고 했다.

"이봐요, 카를로. 지금의 불황에 대해서 어떻게 생각하나요? 사람들은 자신이 지불한 돈에 대해 대가를 원해요. 나는 최근에 집을 샀다가 8만 달러나 손해 본 사람을 알고 있답니다. 그건 투자라고 할 수가 없지요."

"하지만 내가 목표로 삼는 사람들은 초보 투자자들이에요. 아까 말씀하셨다시피 지금은 부동산 시장이 침체기에 빠져 있습니다. 하지만 금리가 낮아요. 지금이야말로 부동산을 사 두기에 가장 적절한 시기라고 할 수 있지요."

나는 그의 말에 고개를 끄덕였다.

"하지만 카를로, 내가 초보 투자자이고 당신의 이야기를 들었다면 실제로 가서 부동산을 확인하고 싶을 것 같군요."

나는 잠시 침묵한 뒤 다시 물었다.

"뭔가 빠진 것 같지 않아요?"

그는 멍한 표정으로 나를 바라보았다. 나는 다시 원점으로 돌아가 질문을 던졌다.

"당신은 고객을 교육시키는 게 목적입니까? 아니면 그들을 설득시켜 투자하도록 만드는 게 목적입니까?"

"글쎄요, 나의 가장 큰 목적은 그들에게 부동산에 대해 교육을 시키는 것이지요. 하지만 기왕이면 그들에게 이번이 정말 좋은 기회라고 믿게 하면 더 좋지요."

"기왕이면?"

많은 사람들 앞에서 이야기할 때, 연사가 가진 또 다른 목적을 저 멀리 남겨 두는 것은 좋지 않다. 연사의 목적이 곧 청중의 목적이 되어야 하기 때문이다. 하지만 '기왕이면'이라는 표현은 이도 저도 아닌 너무 모호한 바람이 아닌가.

목표를 완벽하게 설정해라. 청중이 당신으로부터 '어떤 메시지를 전달받을 수 있을 것인가'에 더 이상 의문의 여지가 없어야 한다. 그러기 위해서는 강한 신념을 기반으로 한 긍정적인 연구가 필수적이다. 나는 카를로에게 이 점을 설명해 주면서 다시 한 번 그의 용기를 북돋워 주었다.

"자, 당신이 달성하고자 하는 바가 무엇이죠? 나에게 확고하게 단도직입적으로 설명해 보세요. 만일 내 앞에서 말할 수 없다면, 청중 앞에서도 결코 해낼 수 없을 겁니다."

그러자 카를로는 대답했다.

"나는 부동산 시장을 잘 알고 있기 때문에 고객들이 현명한 투자를 하도록 충분히 도울 수 있다는 사실을 고객들에게 알려 주고 싶습니다. 나 역시 처음에는 초보 투자자였기에 그들이 느끼는 두려움과 의구심을 잘 알고 있습니다. 그리고 고객이 투자한 부동산의 가치가 점점 높아질 때 내 기쁨도 그만큼 커진다는 것을 잘 알고 있습니다. 그리고 고객이 투자한 부동산의 가치가 점점 높아질 때 내 기쁨도 그만큼 커집니다. 나는 내 분야에서만큼은 프로이고, 따라서 고객들을 위해 확실하게 일할 수 있습니다."

이것이 바로 카를로의 이야기에 빠져 있는 부분이었다. 그는 단 한 번도 청중에게 어떤 도움을 줄 수 있는지, 어떤 서비스를 제공할 수 있는지, 그리고 그가 얼마만큼의 성공을 거두었는지에 대해서는 말하지 않았던 것이다.

나는 그에게 다시 물었다.

"청중을 교육하는 것이 당신의 목적입니까, 아니면 부동산 컨설턴트로서 제공할 수 있는 서비스에 대해 홍보하는 것이 목적입니까?"

"물론 고객들이 나와 계약하기를 바라지요."

"그렇다면 어떤 유형의 이야기를 해야 할까요?"

나는 잠시 그를 주시한 뒤 말을 이었다.

"세일즈를 위한 말하기를 해야 할까요, 아니면 교육을 위한 말하기를 해야 할까요?"

카를로는 미소를 짓더니 대답했다.

"세일즈를 위한 말하기를 해야겠군요."

마침내 카를로는 자신이 어떤 유형의 이야기를 해야 하는지 이해하게 되었다. 그의 목표는 자기 자신을 마케팅하는 것이었고, 부동산 투자를 통해 많은 수익을 올릴 수 있다는 사실을 청중에게 납득시키는 것이었다. 물론 가장 중요한 핵심은 고객들이 이 투자 사업을 그와 함께 해 나가도록 만드는 것이다.

어떤 유형의 이야기를 할지 정하는 것은 매우 중요한 일이다. 당신이 말하고자 하는 이야기의 유형에 따라 정보 전달의 방식이 달라지기 때문이다. 카를로가 세일즈를 위해 이야기해야 한다는 사실을 알고 확정 짓기 전까지 그의 정보 전달 방법은 설득력을 갖지 못했다. 그 결과 그는 자신의 목표도 달성할 수 없었다. 기억하라. 내가 그의 이야기를 처음 들었을 때만 해도, 그는 자신이 어떤 방식으로 이야기해야 하는지 알지 못했다.

당신은 연사로서 자신이 원하는 것을 정확히 알아야 한다. 수많은 연사들이 자신이 이루고자 하는 목표를 달성하지 못하는 이유는, 단지 사실을 전달하는 데만 엄청난 시간과 노력을 소모해 버리기 때문이다.

당신은 물건을 팔고자 하는가, 아니면 단순히 청중을 교육시키고자 하는가? 이처럼 단순한 질문 하나만 던져 보아도 이야기의 진행 방향을 바로잡는 데 큰 도움이 된다. 물론 정보를 전달한다는 것은 매우 중요한 일이다. 하지만 거기에 지나치게 치중하면 제아무리 설득력 있게 정보를 전달한다 해도 당신은 고객을 잃고 말 것이다.

일단 청중 앞에 서게 되면, 당신은 당신이 그들에게 원하는 것이 무엇인지 항상 마음에 두고 행동해야 한다. 세일즈를 위해 말을 하려고 하는가? 그렇다면 당신이 소개하는 물건을 청중이 사도록 만들어야 한다. 여기서 당신이 설득력을 제대로 발휘하지 못한다면 그들이 무엇 때문에 물건을 사겠는가?

판매를 위한 5가지 설득의 기법

어떻게 설득할 것인가? 일단 청중의 마음을 움직여야 한다. 그렇다면 어떻게 청중의 마음을 움직일 것인가? 그들의 욕망을 자극해야 한다. 그렇다면 어떻게 그들의 욕망을 자극할 것인가?

어떤 이들은 "진심은 통하게 마련이므로 진실하게 대하기만 하면 된다"고 말한다. 그러나 결코 진심만으로 상대방이 설득당하는 것은 아니다. 우리는 무엇을 해야 할지 정확히 알고 있다고 하더라도, 그것을 어떻게 해야 할지는 잘 모르고 경우가 많기 때문이다.

많은 사람들을 매혹시키고 실제로 그들의 소비를 이끌어 내는 광고를 분석해서, 과연 어떻게 하면 상대를 설득할 수 있을지 그 해답을 찾아보자. 도대체 이들 광고 속에 무엇이 담겨 있기에 그토록 호소력을 갖고 고객을 설득하는 것일까? 별 효과 없는 광고에는 과연 무엇이 빠진 것일까? 연구 결과 몇 가지 해답을 찾아낼 수 있었다.

이 연구 결과를 보기 전에 염두에 두어야 할 점은 광고와 실제로 말하는 것은 다르다는 것이다. 광고는 심하게 과장되고 순간적으로 지나가지만 직접 사람들 앞에서 이야기하는 경우에는 훨씬 속도가 느리다. 사람들 앞에서 이야기하고 그들을 설득하기 위해서는 한순간에 모든 방법들을 총동원할 필요가 없다.

다음은 광고를 통해 분석한 고객을 설득하는 방법들이다. 이 방법들 중에서 우선 사용하고 싶은 것은 무엇인지 살펴보자.

1_ 부정적인 결과를 들어 경고하라

부정적인 결과란 청중이 당신의 의견에 따르지 않았을 경우 일어날 수 있는 나쁜 상황을 말한다. 이것은 상대방을 설득하는 데 매우 효과적이다. 물론 논리적인 뒷받침이 있어야 한다.

우리에게는 언제든 부정적인 결과가 닥칠 수 있다. 예를 들어, 당신이 새 매트리스를 하나 사려고 마음먹고 있다고 하자. 그때 세일즈맨이 "탄탄하고 질 좋은 매트리스를 사용하지 않으면 허리 디스크에 걸릴 위험이 있습니다"라고 말할 수 있다. 뭔가 부정적인 일이 발생될 수 있음을 경고하는 것이다. 물론 당신은 탄탄한 매트리스를 사용해야 허리 디스크가 걸리지 않는다는 사실을 이미 알고 있다. 또한 대부분의 사람들이 등뼈를 단단히 받쳐 주는 것이 매우 중요한 일임을 잘 알고 있으므로 앞의 말은 매우 논리적이다.

만일 세일즈맨이 단순히 "이 매트리스는 손님에게 별로 좋지 않으니 사지 마십시오"라고 했다면, 우리는 고객의 입장에서 그의 생각에 전적으로 공감하지는 않을 것이다. 무엇보다도 대다수의 사람들은 잘 알지 못하는 누군가로부터 이래라 저래라 하는 소리를 듣기 싫어한다. 그리고 결정적으로 이 세일즈맨의 설명에는 좋지 않은 이유가 무언지 빠져 있다. 이 매트리스가 당신에게 좋은지, 좋지 않은지를 그 세일즈맨이 어떻게 안다는 말인가? 이런 점 때문에 고객은 그 세일즈맨에게 의심의 눈초리를 보내게 되고, 그의 말을 신뢰하지 못하게 된다.

부정적인 결과를 제시하는 일은 암시를 통해 훨씬 더 큰 효과를 발휘한다. 예를 들어 보자.

감기가 유행하는 추운 계절이다. 텔레비전 광고에서 한 남자가 기침을 하면서 코를 푸는 모습이 나오고 있다. 물론 그 모습 자체도 흉하지만 코를 풀어 대는 소리는 더욱 흉하다. 내일 아침 매우 중요한 회의가 있는데 감기 때문에 걱정하고 있었던 남자는 광고에 나오는 약을 한 알 먹고 잠이 든다. 그리고 다음 날 컨디션이 좋아지는 것을 느낀다. 결국 그는 감기는 완전히 잊은 채 회의를 성공적으로 마무리한다.

사람들은 누구나 생활하면서 감기에 걸릴 수 있다. 감기에 걸리면 얼마나 괴로운지는 굳이 설명하지 않아도 알 것이며, 감기의 초기 증상 또한 따로 설명하지 않아도 된다. 즉 이 광고는 매우 논리적으로 전개되고 있는 것이다.

2 긍정적인 결과를 들어 설득하라

긍정적인 결과란 청중이 당신의 의견에 따랐을 때 발생할 수 있는 좋은 상황을 말한다. 이 방법 역시 상대방을 설득하는 데 매우 효과적이다. 물론 여기에도 논리적인 뒷받침이 있어야 한다. 단, 이때는 균형이 매우 중요하다. 사실로 믿기에는 지나칠 만큼 그럴싸하게 포장하는 바람에 오히려 판매에 실패하는 경우가 있기 때문이다.

투자 회사의 경우, 많은 돈을 벌 수 있도록 도와준다는 광고는 좀

처럼 하지 않는다. 대신 그들은 다방면에 투자하고 있으며, 시장에 대해 얼마나 정확히 파악하고 있는지, 또 부동산 투자에서 얼마나 대단한 성공을 거두었는지에 대해 이야기한다.

존은 중산층에게 뮤추얼펀드를 판매하는 일을 담당하고 있었다. 그 일은 결코 쉽지 않았는데, 중산층은 뮤추얼펀드보다는 은행에 저축하는 것이 안전하다고 확신하고 있기 때문이었다. 한 설문조사에 따르면 대부분의 사람들은 여윳돈을 은행에 저축하는 것으로 나왔다. 또 중산층은 돈 버는 일 자체보다는 돈을 안전하게 관리하는 일을 더욱 중요하게 생각했다.

존은 뮤추얼펀드를 판매하기 위해서는 펀드의 안전성에 대한 고객의 고정관념 자체를 바꾸어야 한다는 결론에 도달했다. 그런데 문제는 존 자신조차도 뮤추얼펀드가 100% 안전하다는 장담할 수 없다는 점이었다. 그는 우선 뮤추얼펀드의 안전성에 관한 자신의 생각을 정리하고, 스스로를 설득시키는 작업에 착수했다. 뮤추얼펀드의 안전성에 대한 확신이 있어야만 고객들을 설득할 수 있기 때문이었다.

일반적으로 고객들은 은행이 가장 안전하다고 생각하고 있다. 그래서 그는 긍정적 조건을 형성하는 도구로 은행을 사용하기로 했다. 그는 통상적으로 은행이 그들의 예탁금 가운데 얼마나 많은 부분을 뮤추얼펀드에 투자하고 있는지 설명했다. 그리고 펀드 매니저들이 어떻게 뮤추얼펀드를 운용하는지에 대해서도 설명했다.

일반적으로 펀드 매니저들은 자신이 올린 수익에 따라 직위가 보장된다. 투자 성장률이 예상치를 상회하면 안정된 직위를 보장받지만, 잘못된 판단으로 수익을 올리지 못할 경우 일자리를 잃기도 한다. 따라서 은행들은 투자할 금융기관을 결정할 때 그 소속 펀드 매니저들이 얼마나 많은 수익을 올렸는지 주의를 기울이게 되는 것이다.

펀드 매니저들은 뮤추얼펀드를 안전한 투자 대상으로 생각하고 있다. 존 역시 이제 뮤추얼펀드의 안전성에 대해 확신을 가지게 되었다. 존은 은행들이 뮤추얼펀드에 투자해 얼마나 많은 수익을 올렸으며, 자신의 고객들 역시 얼마나 많은 수익을 올렸는지 자세히 설명했다. 이것이 바로 긍정적 결과이다.

3_ 이점을 들어 설득하라

청중이 당신의 말을 수용함으로써 어떠한 이점을 누릴 수 있는지 이야기하여 그들을 설득할 수 있다. 스티븐의 경우를 살펴보자.

스티븐은 광고 회사에서 근무하며 고객에게 새로운 아이디어를 제시해 주는 일을 맡고 있었다. 광고 회사는 그 고객과 오랜 기간 지속적인 거래를 하고 있었고, 고객도 광고 회사의 업무 결과에 비교적 만족하고 있었다. 그런 고객을 대상으로 이야기하는 경우 대부분 고객이 광고 회사의 제안에 긍정적으로 반응하기 때문에 쉽게 성사되곤 한다. 그러던 어느 날 스티븐의 프레젠테이션에 그 고객의 반응이 별로 좋지 않았다. 스티븐은 자신의 프레젠테이션이 가져온 부정적인 결과에 매우 당혹스러웠다.

그는 나를 찾아왔고 우리는 곧 그가 말한 방식에 대한 분석을 시작했다. 그리고 그의 프레젠테이션에 고객을 설득할 만한 요소들이 빠져 있음을 발견했다. 물론 스티븐은 사실을 그대로 설명했지만, 그들이 제작한 광고를 통해 고객이 얻게 될 이점은 명확히 설명하지 않은 것이다. 그동안 고객이 광고 회사의 제안을 그대로 수용하곤 했기 때문에, 대수롭지 않게 생각한 면도 있었다. 그는 내게 이렇게 말하기까지 했다.

"그렇지만 그 정도는 그들도 알 텐데요."

자신이 말하는 모든 것을 청중 역시 이해할 수 있을 거라고 생각하면 안 된다. 기억하라. 당신의 임무는 그들을 설득하는 것이다. 청중 스스로 알아서 설득당하기를 기대하는 것은 위험한 생각이다.

스티븐은 다시 고객을 찾아갔다. 그리고 자신이 제안한 광고를 사용할 경우, 그들이 어떤 이익을 얻을 수 있는지 구체적으로 이야기하며 다시 한 번 프레젠테이션을 실시했다. 고객은 자신들이 얻을 수 있는 이점을 이해하게 되자 당장 광고 회사의 제안을 수용했다. 두 번의 프레젠테이션 기회가 주어졌다는 것은 스티븐에게는 큰 행운이었다. 대부분의 경우, 청중 앞에서 이야기를 할 수 있는 기회는 오직 한 번뿐이다. 그 한 번의 기회를 놓치게 되면 기회를 완전히 잃는 것이다.

청중의 이해 수준을 과대평가하지 마라. 당신이 보기에 불 보듯 뻔하다는 이유로 고객이 얻게 될 이점에 대한 설명을 빠뜨려서는 안 된다. 그들에게 반드시 말해 주어라.

4_ 해결책을 제시하라

현재 판매하고 있는 물건이 청중의 문제를 해결해 줄 수 있음을 보여 줌으로써 그들을 설득할 수 있다. 나는 세일즈 프레젠테이션의 경우에는 반드시 이 방법이 포함되어야 한다고 강조한다.

예를 들어 당신이 연수 프로그램을 기획하는 회사에 근무하고 있다고 가정해 보자. 마침 직원들의 연수를 대행해 줄 업체를 찾고 있는 대기업에서 당신 회사에 프레젠테이션을 요청했다. 이때 당신은 당신 회사 외에도 수많은 연수 전문 회사들이 있다는 점을 명심해야 한다. 모든 회사들이 각기 마련한 프로그램이야말로 효과 만점이며, 자기 회사가 다른 회사보다 낫다고 광고하고 데 열을 올릴 것이 분명하다.

이런 상황에서 당신이 제공하는 서비스가 의뢰 기업의 문제를 해결할 수 있는 프로그램이라 해도, 그것이 곧 거래의 성사를 의미하지는 않는다. 거래를 성사하기 위해서는 그들이 필요로 하는 것이 무엇인지 더 조사하고 연구해야 한다. 주변 사람들에게 그 회사에 대해 질문을 던져라. 질문을 겁낼 필요는 없다. 누구도 당신을 비웃지 않을 것이다. 당신의 질문이 적절한 것이라면, 그래서 그 질문들로 인해 그 회사에 대해 더 많은 정보를 얻을 수 있다면, 당신은 원하는 것을 얻을 수 있게 될 것이다.

청중이 원하는 바가 알았다면 당신의 목표와 그들의 목표가 하나가 되도록 노력해야 한다. 당신이 제공할 서비스가 그들이 필요로 하는 것을 얻게 해 줄 가장 훌륭한 해결책이라는 사실을 보여줘야 하는 것이다.

5_ 감각에 호소하라

우리는 오감, 즉 미각·촉각·후각·시각·청각을 갖고 있다. 청중의 오감 전체를 자극함으로써 그들을 설득할 수 있다.

음식 광고를 예로 들어 보자. 광고에 나오는 음식은 늘 먹음직스러워야 한다. 비록 거짓으로 꾸며 낸 것일지라도 그래야 한다. 맛있게 익은 치킨은 대부분 표면에 색을 덧입히는 것이다. 조명 아래에서는 자연색만으로는 맛있어 보이지 않기 때문이다. 착색을 하지 않으면 시청자들의 입맛을 돋울 수 없고, 결국에는 맛있는 치킨이라는 사실을 고객에게 알리는 데 실패하게 되는 것이다.

연사로서 당신은 힘차고 감동적인 목소리를 연출하고, 거기에 시각적인 효과를 더함으로써 청중의 오감을 자극할 수 있다. 당신의 말이 청중을 사로잡기를 원한다면 호소력 있는 목소리를 내도록 하라. 정보를 전달할 때 감정을 섞어 말함으로써 훨씬 더 강조하는 효과를 불러일으킬 수 있다. 보디랭귀지를 활용하라. 당신과 관련된 모든 것들은 역동적이어야 한다.

세일즈를 위한 말하기에는 타인을 설득하는 테크닉이 담겨 있어야 한다. 순수하게 정보만 전달하는 것은 따분하고 무미건조하며 지루하다. 그리고 무엇보다 당신의 목표를 달성할 수 없다. 만일 청중을 설득하는 일이 당신의 목적이라면, 바로 당신이 설득력을 갖고 있어야 한다. 방향성은 당신, 즉 연사가 제시해 주는 것이다.

사람들 앞에서 말하기 위해 준비하는 과정에서 부딪히게 되는 어려움 중 하나는 어디에서부터 출발해야 할지 모른다는 것이다. 당신의 목표가 바로 당신의 출발점이라는 사실을 명심하라. 당신이 원하는 것을 청중이 빨리 알아차릴수록 당신이 목표를 달성하는 일은 수월해진다.

일단 목표를 설정했다면 당신이 말하고자 하는 바를 어떤 방식으로 전개할 것인지 정해야 한다. 세일즈를 위해 말하는 경우, 무엇보다 중요한 것은 정보 전달을 설득력 있게 하는 것이다.

세일즈를 위한 말하기 사례

　당신은 수의사 대상의 홍보용 비디오를 제작하는 회사에 근무한다. 어느 날, 수의사총회에서 수의사들을 대상으로 이야기하게 되었다. 당신은 자사에서 제작한 홍보용 비디오를 동물병원 대기실에 틀어 놓으면 수의사들이 어떤 이익을 얻을 수 있을지에 대해 수의사들에게 설명할 계획이다. 기본 양식이나 표현은 다음과 같은 방식으로 하면 된다.

목표 설정

안녕하십니까? 오늘은 여러분께 엄청난 광고 효과를 가져올 수 있는 제품 한 가지를 소개하고자 합니다. 바로 홍보용 비디오, 즉 여러분의 병원 대기실에 틀어 놓으실 수 있는 비디오입니다.
이 상품은 가격이 저렴할 뿐 아니라 그 효과 또한 대단해 일거양득이라 할 수 있습니다. 이 홍보용 비디오를 사용하게 되면 귀하의 시술과 서비스에 대한 고객의 이해를 도울 수 있고, 그 결과 고객 수가 증가하게 될 것입니다.

부정적인 결과 제시

일반적으로 우리는 병원이나 치과, 혹은 동물병원에 갔을 때 접수를 하고도 한참을 기다려야 합니다. 예약을 하고 시간에 맞춰서 간다 해도 기다리기는 마찬가지입니다.

경우에 따라서는 대기 시간이 10분 이내가 될 수도 있지만, 어떤 경우에는 한 시간 이상이 되기도 합니다. 이렇게 기다리는 동안 사람들은 어쩔 수 없이 철 지난 — 그것도 한참이나 지난 — 잡지들을 뒤적거립니다. 간혹 운 좋은 사람들은 아는 얼굴을 찾아내 담소를 나누기도 합니다. 그러나 이렇게 대기실에 앉아 시간을 보내며 차례를 기다리는 일은 항상 사람들을 초조하게 만듭니다.

이것은 엄청난 시간 낭비이며 매우 비생산적인 일입니다. 고객의 시간을 낭비하는 일은 곧 여러분에게도 비생산적인 일이라고 할 수 있습니다.

정보 전달

어떻게 하면 이 시간을 더 유용하게 활용할 수 있을까요? 여러분이 시술하는 모습을 고객들에게 보여 주는 것은 어떨까요?

물론 고객들은 각자 잡지를 읽거나 담소를 나누며 시간을 보낼 것입니다. 그들의 관심을 여러분이 원하는 쪽으로 유도하는 것은 어떨까요?

여러분이 고객들을 위해 하고 있는 일이나 서비스와는 전혀 상관없는, 어마어마한 양의 광고로 채워진 흘러간 잡지만 뒤적이도록 만들지 맙시다. 그것보다 여러분이 어떤 시술을 하는지 홍보 비디오를 통해 보여 주는 것은 어떻습니까?

진료실과 수술실에서 여러분이 어떤 일을 하고 있는지 촬영한 비디오를 상영함으로써, 병원을 찾는 고객들에게 여러분이 일하는 모습을 보여 줄 수 있습니다. 또한 비디오를 통해 동물들에게 어떤 예방접종을 해야 하는지도 알려 줄 수 있으며, 대기실에서 기다리고 있는 고객들에게 병원에서 일하고 있는 직원들을 소개할 수도 있을 것입니다. 물론 여러분은 이것들을 보여 줌으로써 여러분이 원하는 것들을 얻을 수 있습니다.

(이쯤에서 연사는 대기실에서 상영할 수 있도록 촬영해 놓은 비디오를 틀어서 청중의 오감을 자극해야 한다. 그리고 화면이 돌아가는 동안 다시 연설을 계속 한다.)

긍정적인 결과 제시

일반적으로 텔레비전이 켜져 있으면 사람들은 그걸 보게 마련입니다. 또한 사람들은 텔레비전을 보면서 많은 정보를 얻지요. 홍보용 비디오를 보는 고객들도 마찬가지이다. 그들은 자연스레 다음 장면을 기대하게 됩니다.

대기실에서 잡지들을 치워 버리면 고객들은 텔레비전 화면에 주목하게 될 것입니다. 그들은 여러분이 고객들에게 추가 비용을 부담시키지 않으면서도 값비싼 기계들을 사용해 시술하고 있음을 깨닫게 될 것입니다. 그리고 비디오를 통해 예방접종을 하지 않은 애완견이 얼마나 위험할 수 있는지 경고해 줄 수도 있습니다. 실제로 많은 사람들이 '예방접종은 좀 늦춰도 괜찮겠지'라고 생각하고 있습니다.

다시 말하면, 고객들이 무엇을 보느냐에 따라 여러분의 사업이 성장할 수도 제자리일 수도 있다는 것입니다. 여기 홍보용 비디오를 상영하기 전과 상영한 후의 영업 기록을 비교한 차트가 있습니다. 보시다시피 상영 이후 단 한 번도 매출이 줄어든 적이 없으며, 60% 이상 신장한 경우도 있습니다.

제가 지금 여러분들에게 소개하고 있는 이 상품이야말로 특별히 큰 투자를 하지 않고도 매출을 대폭 신장시킬 수 있는 기회가 될 것입니다. 여러분은 단지 비디오를 통해 창출된 이익을 거둬들이기만 하면 됩니다.

정보 전달

비디오는 새로운 정보를 담아서 가끔 한 번씩 업데이트하는 게 좋습니다. 매달 한 번씩 업데이트하는 것이 가장 바람직할 것입니다.

이점을 들어 설득하기

위의 모든 사항들은 고객들의 흥미를 이끌어 낼 것입니다. 그리고 이제 고객들은 여러분의 병원 대기실에서 즐거운 시간을 보낼 수 있을 것입니다. 여러분의 시술과 관련해 발생하는 이익은 곧바로 드러나게 됩니다. 지금은 5가지만 열거하겠지만, 실제로는 그보다 훨씬 더 많은 이점을 얻게 될 것입니다.

첫째, 애완견을 키우는 사람들은 여러분이 제공하는 서비스의 내용을 전보다 훨씬 명확하게 이해하게 될 것입니다.

둘째, 그들은 동물에게 반드시 예방접종을 해야 한다는 사실을 깨닫게 될 것입니다.

셋째, 여러분이 제시하는 청구서에 대한 불만이 줄어들 것입니다. 왜냐하면 여러분이 최고의 설비를 갖추고 최고의 시술을 행한다는 것을 이해하고 그에 대한 대가로 생각할 것이기 때문입니다.

넷째, 여러분 병원의 대기실은 더 이상 시간을 낭비하는 공간이 아닙니다. 여러분은 물론 고객들 역시 그곳에서의 시간을 즐겁게 생각하게 될 것입니다.

다섯째, 매출이 신장될 것입니다.

해결책 제시하기

저는 이것이 참 좋은 아이디어라고 생각합니다. 뭐니 뭐니 해도 비디오 홍보의 가장 큰 장점은 역시 생생한 정보를 담고 있다는 것이겠지요. 여러분은 여러분이 틀어 주는 비디오가 대기실에 놓여 있는 또 하나의 낡은 잡지가 되는 것을 바라지는 않을 겁니다. 저는 여러분이 비디오를 매달 한 번씩 업데이트하여 고객들에게 생생한 정보를 전달하도록 권하고 싶습니다. 그리고 실제 이 패키지 상품에는 업데이트 서비스까지 포함되어 있습니다.

비디오 광고는 병원 대기실에서 발생할 수 있는 여러 문제에 대한 해결책일 뿐만 아니라, 고객들의 관심을 여러분이 원하는 방향으로 유도할 수 있는 가장 좋은 방법입니다.

여기 가격표가 준비되어 있습니다. 혹시 질문이 있으신 분은 언제든 말씀해 주시기 바랍니다.

　이 말하기 원고는 기본 규칙을 철저히 준수하고 있으며, 그 결과는 매우 설득력 있다. 이 규칙들을 따른다면 당신의 세일즈는 좋은 성과를 거둘 것이다.

8
감동을 전하기 위한 말하기

청중의 마음을 움직여라

만찬사나 리셉션 연설, 주례사, 환영사, 고별사 등 공식적인 자리에서 사람들 앞에서 말해야 하는 경우도 있다. 이때 청중의 규모는 소규모부터 대규모까지 다양할 것이다. 그리고 연사는 그날 주인공인 특정 인물에 대해 말해야 한다. 이런 공식적인 자리에서 말하기의 목적은 청중을 감동시키는 것이다. 감동이란 곧 청중의 마음을 움직이는 것을 의미한다.

감동을 주는 말하기의 대표적인 형태가 바로 결혼식이다.

실제로 나는 결혼식 자체를 굉장히 좋아하고, 예식을 내내 감동적으로 지켜보곤 한다. 최근에 친구와 함께 간 결혼식은 신랑, 신부

둘 다 모르는 사람이었다. 하지만 나는 그것과 상관없이 신부가 아버지와 팔짱을 낀 채 행진할 때는 콧날이 시큰거리고, 신랑과 신부가 서약의 대답을 할 때 훌쩍이기 시작했으며 결혼반지를 교환할 때는 눈물이 뚝뚝 떨어졌다. 내게 있어 이 순간은 엄청난 감동의 경험이다. 감동은 언제나 똑같다. 그런데 안타깝게도 이 감동의 물결은 대부분 주례사를 듣는 동안 바람처럼 사라져 버리곤 한다.

그런데 그날의 결혼식은 예외였다. 최고의 연사가 주례사를 한 것이다. 우선 그는 멋쟁이였고, 예식 내내 청중의 웃음을 자아냈다. 신랑과 신부가 상면하는 순간을 최고조로 몰아가면서 하객들로 하여금 신랑과 신부가 마치 서로를 만나기 위해 이 세상에 태어났다는 생각을 하도록 만들었다. 나는 그 신랑이나 신부를 몰랐지만, 주례사를 듣는 동안 마치 내가 그들을 잘 알고 있다는 생각이 들게 되었다. 아니, 좀 더 정확히 말하자면 그들 두 사람을 알고 싶어졌다고 해야 맞을 것이다. 이것이 바로 '감동적인 말하기'이다.

당신이 사람들 앞에서 말할 때도 이런 효과를 거둬야 한다. 일단 청중의 마음을 움직이고 나면 당신은 목적을 달성한 것이고, 다른 사람들에게도 인정받게 될 것이다. 그리고 곳곳에서 연사로 초청받게 될 것이다. 무엇보다 중요한 것은 당신 스스로 남들 앞에서 말하는 것을 즐기게 될 거라는 점이다.

연사와 청중, 주인공이 공유한 추억을 이야기하라

　사람들에게 감동을 전할 때는 말 자체가 감동 전달의 수단이 되어야 한다. 예를 들어 당신이 한 동료의 정년 퇴임식 연설을 맡게 되었다고 가정해 보자. 만일 "존은 정말 열심히 일했고, 우리 모두 그에게 의지하고 있었기 때문에 그가 그리워질 것입니다"라고 말한다면, 그다지 감동적이지 않다.

　하지만 똑같은 메시지를 전달하더라도 그가 실제로 어떤 식으로 열심히 일해 왔는지, 동료들이 얼마나 그에게 의지했는지 구체적으로 이야기해 주면 훨씬 더 생생한 감동을 전할 수 있다. 다음의 예를 보자.

　존이 우리를 떠나야 한다는 사실을 떠올렸을 때, 저는 머리를 가로저으며 생각했습니다.
　'이제 우리는 어떻게 한단 말인가!'
　존은 늘 자신의 자리를 지켜 왔습니다. 저는 일을 미처 마무리 짓지 못한 채 퇴근할 수밖에 없었던 어느 주말을 기억하고 있습니다. 우리 팀 전원은 일주일 내내 늦게까지 야근을 하며 열심히 일했기 때문에, 이미 녹초가 되어 있었습니다. 저 역시 많은 업무량 때문에 지쳐서 퇴근 무렵에는 파김치가 되었지요. 그런데 누군가가 제 사무실 문을 노크하기에 보니, 존이 한 손에 커피를 든 채 미소 지으며 이렇게 말하는 것이었습니다.

"조금 쉴 틈을 낼 수 있을 것 같은데……."

사실 그 당시로서는 잠깐의 휴식이야말로 우리 모두에게 꼭 필요한 것이었습니다. 우리 팀은 모두 기쁜 얼굴로 자리에 앉아 지금까지 진행된 업무 상황을 정리했습니다. 그 정도면 일이 순조롭게 진행될 것이라는 생각도 들었습니다.

월요일 아침에 출근해 보니 정말 일은 별 문제없이 잘 풀려 나갔습니다. 하지만 그것은 존이 일요일 아침에 사무실에 나와 밀린 일을 모두 처리했기 때문이었다는 사실을 여러분 중 몇 분이나 알고 계실까요?

당신은 존에 대한 당신의 느낌을 이야기할 뿐이지만, 청중 역시 당신으로 인해 존에 대한 간접 경험을 하게 된다. 당신의 느낌이 곧 그들의 느낌으로 이어지는 것이다. 그들은 각자 자신이 경험했던 존과의 일화를 떠올릴 것이며, 그의 헌신과 희생, 근면, 그리고 그가 얼마나 믿음직스러웠는가에 대해 그간 들어 왔던 모든 이야기를 기억하게 될 것이다. 그들이 존과 단 한 번도 이야기를 나눠 보지 못했다 하더라도, 당신의 이야기를 통해 존은 언제까지나 기억할 만한 가치가 있는 사람이 된다. 이것이야말로 이야기가 감동 전달의 수단으로 활용된 대표적인 예라 하겠다.

　여기서 주의해야 할 것이 있는데, 이때 들려주는 이야기는 점잖은 것이어야 한다는 점이다. 한번은 파티에 간 적이 있었는데, 그때 연사가 일어나 그날의 주인공을 위해 건배를 제안했다. 그는 주인공과 관계된 재미있는 경험담을 들려주면 분위기가 훨씬 유쾌해질 거라는 생각을 하게 되었고, 곧 주인공의 과거 연애담 하나를 이야기했다. 하지만 연사의 이야기가 끝나자 청중의 얼굴은 벌겋게 달아올랐으며, 도두들 당황해 어쩔 줄 몰랐다. 다시 한 번 말하지만 많은 사람들 앞에서 들려주는 이야기는 점잖은 것이어야 한다. 청중의 얼굴을 벌겋게 달아오르게 하는 이야기는 금물이다.

강인한 목소리로 국민을 감동시킨 처칠

　청중의 감동을 불러일으키는 가장 손쉬운 방법은 바로 목소리와 보디랭귀지를 활용하는 것이다. 당신이 청중으로부터 불러일으킬 수 있는 감동의 90% 이상이 바로 이 두 요소에서 비롯된다.

　자신의 목소리가 지나치게 드라마틱해서 오히려 청중에게 신뢰감을 주지 못하는 건 아닐까 하고 걱정하는 사람들이 많은데, 그런 걱정은 할 필요가 없다. 목소리에 감정을 이입함으로써 더 많은 신뢰감을 자아낼 수 있기 때문이다.

　더 많은 효과를 얻기 위해서는 강력한 에너지가 필요하다. 당신이 강력한 에너지를 얻지 못한다면, 청중의 동의 역시 얻지 못하게 될 것이다. 청중은 당신의 이야기를 듣기 위해 그 자리에 모인 것이고, 당신은 그들이 당신의 이야기에 쉽게 귀 기울일 수 있도록 도와줘야 한다.

　사람들 앞에서 말할 때는 평상시에 사용하는 목소리로 해서는 안 된다. 한 음절 높은 톤, 감동적이고 여유 있는 목소리, 그리고 완벽하게 계획된 목소리로 말해야만 사람들의 귀를 사로잡을 수 있다.

　이것은 역사적으로 유명한 연사들에게서도 발견할 수 있다. 그들에게는 한 가지 공통점이 있는데, 그것은 바로 연설하는 스타일이다. 제2차 세계대전에서 영국이 승리할 수 있었던 주요한 요인 중 하나는 처칠Winston Churchill 수상에게 있었다. 그는 영국이 반드시 승리할 것이라는 믿음을 국민들에게 심어 주었다. 바닥까지 떨어져 있던 국민들의 사기를 끌어올린 것은 처칠 수상이 '무엇'을 말했는가가 아니었다. 그것은 바로 '어떻게' 말했는가의 결과였다. 그는 라디오 방송을 통해 대 국민 연설을 했는데, 매체가 라디오였던 만큼 그의 목소리는 상당히 중요하게 작용했다. 드넓게 울려 퍼지는 강인한 목소리, 그것은 그 방송을 듣는 청취자 모두에게 수상에 대한 신뢰감을 심어 주기에 충분한 것이었다.

"나에게는 꿈이 있습니다"

마틴 루터 킹 Martin Luther King 목사는 아프리카 출신 미국인들을 평화 행진에 동참하게 하여 그들 역사의 흐름을 바꿔 놓은 인물로 꼽힌다. "나에게는 꿈이 있습니다"라는 그의 말은 아직도 많은 이들의 입에서 입으로 전해지고 있으며, 아마도 영원히 기억될 것이다. 만일 그가 연단으로 나아가 "앨라배마 주가 하나가 되려면 현재의 인종 차별 정책은 수정되어야 합니다"는 말로 연설을 시작했다 해도 우리가 지금까지 그의 연설을 기억할 수 있을까? 천만의 말씀이다.

마틴 루터 킹은 이렇게 말했다.

"나에게는 꿈이 있습니다. 그것은 바로 앨라배마 정치가들의 입에서 차별 정책을 무효화시키는 말들이 나오면서, 현재의 상황이 바뀌는 꿈입니다. 검은 피부의 나이 어린 소년, 소녀들과 흰 피부의 소년, 소녀들이 손에 손을 맞잡고, 마치 형제자매가 된 것처럼 함께 걷는 그날을 꿈꾸는 것이지요."

그가 꿈꾸는 이미지는 매우 감동적이고 도전적인 것이었다. 그는 아프리카 출신 미국인들을 일깨움으로써, 다시는 그들이 이등 민족으로서의 설움을 받으며 살지 않기를 원했다. 그가 선택한 표현들, 그리고 카리스마 넘치는 목소리가 결국 그를 승리로 이끈 것이다.

보디랭귀지와 보조 도구는 영화의 사운드트랙과 같다

포스터, 사진, 슬라이드, 현수막 등 청중에게 보여 줄 수 있는 모든 것을 동원하라. 당신의 임무는 청중의 감동을 자아내는 것이다. 보조 수단을 활용하는 것은 분명 당신의 임무를 완수하는 데 도움이 될 것이다. 창조적으로 생각하고 모든 가능성을 열어 두어라.

보조 수단은 청중의 감각을 자극하여 감동을 준다. 만일 청중의 감각을 자극하지 못한다면, 당신의 이야기는 청중으로부터 아무런 감흥도 이끌어 내지 못할 것이다. 당신은 지금 '설마'라고 생각하고 있을지도 모른다. 하지만 그것은 사실이다.

연극을 예로 들어 보자. 연출가들은 오디션을 통해 출연 배우들을 선발한다. 출연이 확정된 배우들은 수개월 간의 연습을 실시한다. 개막 공연을 일주일쯤 앞두면 배우들의 대사나 몸짓은 완벽한 경지에 이른다. 하지만 이 막바지 연극 연습을 본다 해도 감동을 받을 수는 없다. 왜일까? 그것은 배우의 연기 외에도 무대나 분장, 조명, 음향 효과, 의상 등이 뒷받침되어야 감동을 전할 수 있기 때문이다.

마침내 우리가 공연을 볼 수 있는 시점이 되면 모든 것이 완벽하게 갖춰지게 마련이다. 배우들은 무대 의상을 입고 각각의 배역에 맞는 분장을 한다. 소품들은 적절한 자리에 배치되며, 조명과 음향 등은 적절한 시점에서 효과를 낸다. 이제 관객으로서 우리가 해야 할 일은 관중석에 앉아 편안한 마음으로 공연을 즐기는 것이다. 우리가 굳이 생각하지 않아도 우리의 오감은 저절로 자극받는다.

이것이 바로 내가 말하고자 하는 것이다. 즉 당신 역시 당신의 이야기를 듣는 청중의 오감을 자극해야 한다. 그렇다고 연극배우처럼 행동하라는 것은 아니다. 다만, 당신의 목소리와 보디랭귀지, 그리고 가능하다면 보조 도구 등을 총동원하라는 것이다.

혹시 영화에 배경음악이 없다면 어떨지 생각해 본 적이 있는가? 나는 영화 「죠스Jaws」를 음악 없이 감상해 본 적이 있다. 물론 재미있었다. 그런데 존 윌리엄스John Williams의 배경음악을 깔고 다시 영화를 보자, 이번에는 머리카락이 쭈뼛쭈뼛 서는 것이 느껴졌다. 나는 몸을 오들오들 떨면서 손에 땀이 배어나도록 의자 손잡이를 쥐고 있었다. 음악이 삽입된 영화는 나를 완전히 사로잡았고, 나의 감각을 자극한 것이다. 그에 비하면 음악이 빠져 있는 영화, 그것은 그저 괜찮은 정도에 불과했다.

당신이 언제든지 음악의 도움을 받을 수 있는 것은 아니다. 그렇지만 당신에게는 너무도 강력한 도구인 목소리가 있다. 그것 하나만으로도 청중을 잔뜩 고양시켜 의자 손잡이를 힘주어 잡은 채 당신의 다음 행동을 기다리도록 만들 수 있다. 이것이 바로 당신이 얻고자 했던 결과이다.

당신은 청중의 마음을 사로잡아 흥을 돋우고 관심을 불러일으키며 결국 그들을 감동시키고자 한다. 이런 모든 바람을 당신 자신의 목소리와 보디랭귀지를 활용함으로써 쉽게 이룰 수 있다.

감동을 전하기 위한 말하기 사례

현재 다니고 있는 회사의 창립 30주년을 기념하는 행사에서 축하 연설을 하게 되었다고 가정해 보자. 이때 당신이 사용해야 할 표현은 다음과 같은 것들이다.

목표 설정

여러분 안녕하십니까? 저는 오늘 회사의 창립 30주년을 기념하여 이렇게 축하의 말씀을 드리게 된 것을 무한한 기쁨과 영광으로 생각하는 바입니다. 30년이란 세월은 참으로 긴 시간입니다. 이 시간은 회사가 번영해서 자리를 잡고 사회에서 제 몫을 하기에 충분한 시간이지만, 또한 회사를 둘러싼 여러 위기들을 견디지 못하고 자취를 감추기에도 충분한 시간입니다.

청각적 스토리와 슬라이드 상영
슬라이드 1 – 회사 창립 당시의 사진

유머

지금 보시는 것은 회사 창립 당시의 사진들입니다. 여러분 가운데 이때를 기억하고 계시는 분들이 몇 분이나 될까요? 저 사진 속의 주인공들은 지금 현업을 떠나 저희가 하는 일을 지켜보시거나 이미 다른 세상으로 가신 분들도 상당수일 것입니다. 반면 여기 있는 우리들은 저 당시에도 어린아이였거나 아직 세상에 태어나지도 않았지요.

정보 전달

오늘날 회사가 이렇게 성장할 수 있었던 것은 지금 이 자리에는 계시지 않지만 사진 속에서 웃고 계시는 저분들의 덕분입니다. 그들이 각자의 돈을 모아 지금의 사업을 시작했고, 밤낮을 가리지 않고 열심히 일했기에 오늘의 회사가 있을 수 있는 것입니다. 지금도 우리는 회사가 어려운 지경에 처하면 회사를 창업하신 그분들의 마음을 생각하며 어려움을 견뎌 내곤 합니다.

시각적 스토리와 슬라이드 상영
슬라이드 2 - IMF를 맞아 위기에 처했던 당시의 사진

지난 1997년에 IMF라는 국가적 위기 상황에서 우리 회사도 심각한 위기에 직면했습니다. 물론 그전에도 늘 회사가 성장가도를 달리고 있었던 것은 아닙니다. 때로는 위기에 직면해 전 직원이 회사를 걱정하는 일도 있었으며, 그때마다 직원들이 합심해 곧 위기를 극복해 내곤 했습니다.

유머와 슬라이드 상영
슬라이드 3 - IMF를 맞아 위기에 처했던 당시의 사진 2

하지만 IMF 당시에는 상황이 훨씬 심각했습니다. 회사는 존폐 위기에 처했고 결국 직원들 중 일부가 회사를 떠날 수밖에 없는 사태가 벌어지기도 했습니다. 그것은 회사로서도 직원들로서도 참으로 힘든 결정이었습니다. 그때 우리는 회사를 떠난 직원들에게 회사 사정이 좋아지면 가장 먼저 부르겠다고 약속했지요. 그리고 오늘, 우리는 그 약속을 지키게 되었습니다.

시각 자료 활용
슬라이드 4 - 현재 회사의 사진

IMF라는 국가적 위기를 극복하고 다시 서게 되기까지 오랜 시간이 걸렸습니다. 하지만 우리는 그 힘든 시간을 극복했고, 그것은 모두 여러분이 있었기에 가능한 일이었습니다. 회사에 남아 어려운 상황에서도 묵묵히 자리를 지켜 주었던 직원들, 그리고 회사를 떠나게 되었지만 멀리서나마 응원해 주고 다시 돌아와 준 직원들. 여러분이 있었기에 오늘의 회사가 있는 것이고, 회사의 창립 30주년을 기념할 수 있게 된 것입니다.

9
지식을 전달하기 위한 말하기

지루한 강의에서 해방되자

대학에서 역사 과목을 수강했을 때의 일이다. 나는 역사소설을 즐겨 읽었는데, 그중에서도 특히 옛 사람들의 살아가는 모습이 담긴 대하소설을 좋아했다. 주인공들의 삶을 대신 살기도 하고, 그들의 고난을 함께 느껴 보는 것은 크나큰 즐거움이었다. 대하소설에 너무 열중한 나머지 나는 역사를 좀 더 공부해 보기로 했다.

나는 그때 만난 프랑스 역사 교수를 잊을 수가 없다. 그는 이 분야의 전문가였으며, 심도 있는 연구를 한 사람으로 자신의 분야에서도 전문가로 인정받고 있었다.

프랑스 역사는 매혹 그 자체이다. 그 속에는 유럽의 황제로 등극

했던 샤를마뉴 대제가 있고, 베르사유 궁전을 세웠던 태양의 왕 루이 4세가 있으며, 프랑스 혁명과 나폴레옹이 있었다. 그렇게 프랑스 역사에 그토록 매혹되었지만, 지금 누군가가 프랑스 역사에 대해 묻는다면 나는 아마도 제대로 대답하지 못할 것이다. 그 이유 중 하나는 바로 그 교수의 수업이 너무나 재미없고 따분해서 중도에 수강을 포기했기 때문이다.

이듬해, 수강 신청을 할 때 나는 그 교수의 과목을 피하는 대신 고대 로마사 과목을 신청했다. 나는 30년이 지난 지금까지도 로마 멸망의 원인을 기억하고 있다. 그 과목을 담당했던 교수는 당시 학생들을 구제해 준 사람이었다. 그는 매우 교육적이면서도 감동적인 강의를 했다. 열심히 수강했던 결과, 나는 졸업 후 대학원에서도 역사를 공부하기로 결심하기에 이르렀다. 대단한 성과였다. 그런데 결과적으로는 담당 교수가 예전의 프랑스 역사 교수로 바뀌었다는 말을 듣고 계획을 접었지만 말이다.

얼마나 많은 강사들이 지금도 학생들이 끝까지 앉아 있지 못할 만큼 지겨운 강의를 하고 있을까. 지루한 강의 때문에 그 과목을 포기함으로써 얼마나 많은 학생들이 정보를 얻을 수 있는 기회를 놓치고 마는 것일까. 그렇지만 걱정할 것 없다. 따분하기 그지없어 보이는 주제라도 아주 재미있게 강의할 수 있는 몇 가지 대책이 있다. 당신은 다음 규칙만 따르면 된다. 그것은 당신을 지겨운 강의에서 해방시켜 줄 줄 것이다.

청중은 직접 참여함으로써 기억한다

우리의 머릿속으로 유입된 정보는 다음과 같은 비율로 우리의 기억 속에 남는다.

- 들은 것의 20%
- 본 것의 30%
- 보고 들은 것의 50%
- 말한 것의 70%
- 행한 것의 90%

당신은 청중이 보다 많은 것을 기억할 수 있도록 하기 위해서 위의 내용을 반드시 염두에 두어야 한다. 단지 자리에서 일어나 하는 단순한 이야기라면, 청중은 당신이 말한 내용의 20%만을 기억하게 될 뿐이다. 그러나 당신이 다양한 시각적 도구를 활용해 이야기하는 경우, 청중은 귀로 들으면서 동시에 눈으로 볼 수 있기 때문에 50%의 내용을 기억하게 될 것이다. 청중에게 지금 무엇을 배웠는지 질문하고 확인한다면, 그들은 아마도 70%를 기억할 것이고, 실제로 그들이 몸을 움직여 행동한다면 90%를 기억하게 된다.

청중의 참여도가 높아지면 높아질수록 당신이 이야기한 내용을 기억하는 비율도 점점 높아지게 된다. 따라서 청중을 당신의 이야기에 참여시키는 것은 매우 중요하다. 물론 당신은 청중을 참여시키기 위해 사전에 준비해야 한다.

질문하라, 대답한 것의 70%를 기억할 것이다

만일 당신이 청중 가운데 누군가에게 질문을 한다면, 상대방은 우선 질문의 내용을 잘 듣고 답을 생각하게 될 것이다. 질문을 통해 청중은 훨씬 더 적극적으로 당신의 이야기를 듣게 되고, 그로 인해 그들의 집중도도 높아지게 되는 것이다. 이를 좀 더 효과적으로 하기 위해서는 다음에 나오는 규칙들을 잘 지켜야 한다.

규칙 1_ 대상자를 지목해서 질문하라

질문을 할 때는 질문 대상자의 이름을 부르거나 그 사람에 대한 묘사를 한다. 예를 들면 "파란색 블라우스 입은 여성분!" 하는 식으로 말이다. 만일 당신이 전체를 대상으로 질문을 던진다면, 결국 나 몰라라 하는 얼굴들만 보게 될 것이다. 왜냐하면 자신이 맞는 대답을 할 수 있다고 확신하면서도, 아무 때나 자연스럽게 대답할 준비가 되어 있는 사람은 그리 많지 않기 때문이다. 전체를 대상으로 질문을 한다면 대답을 이끌어 내지 못할 뿐만 아니라, 질문의 효과를 반감시키게 된다.

당신이 청중에게 질문을 던지는 가장 중요한 목적은 그들의 관심을 확인하는 것이다. 만일 당신이 질문을 던졌는데 아무런 대답이 없다면, 당신은 청중으로부터 신뢰감을 잃게 될 것이다. 뿐만 아니라, 이제 청중은 더 이상 당신의 이야기를 들으려 하지 않을 것이다.

따라서 질문을 던질 때에는 반드시 특정 개인에게 던져야 한다. 만일 질문을 받은 사람이 답을 찾기 위해 조금이라도 우물쭈물하는 태도를 보인다면 즉시 다른 사람을 지목하라. 질문을 받은 사람이 당신에게 질문을 다시 한 번 반복해 달라고 요청한다면, 그 사람은 당신의 연설을 제대로 듣고 있지 않았다는 증거이다. 이것 또한 질문을 던짐으로써 얻을 수 있는 제2의 효과라고 할 수 있다. 이 순간부터는 모든 사람들이 언제 질문을 받게 될지 모른다는 생각에 귀를 더 쫑긋 세우게 될 것이기 때문이다.

규칙 2_ 같은 질문을 두 사람 이상에게 하라

언제나 같은 질문을 두 사람 이상에게 하라. 만일 당신이 한 문제에 대해 한 사람에게만 묻는다는 것을 청중이 알아차리면, 그들은 일단 누군가가 대답을 하고 나면 그 질문에 대해서는 더 이상 고민하지 않을 것이다. 같은 질문을 받지는 않을 것이라는 생각에 그들의 집중력은 떨어진다.

연사인 당신은 청중을 자극하고 그들의 집중력을 더욱 강화시키기 위해 질문을 던지는 것이라는 사실을 절대 잊어서는 안 된다. 따라서 같은 질문을 최소한 두세 명에게 하도록 하라.

규칙 3_ 답변을 평가하지 마라

"훌륭한 대답이에요" "잘했습니다" 등의 코멘트는 하지 않는 게 좋다. 왜냐하면 청중은 대부분 잘못된 대답을 하기 때문이다. 만일 당신이 "아니오, 틀렸습니다" 하고 지적하거나 "예, 맞습니다"라고 모든 대답에 대해 토를 달게 된다면, 틀린 대답을 한 사람은 기분이 언짢아지게 마련이다. 대다수의 연사들이 저지르는 실수 중 하나가 바로 잘못된 대답에 대해 지극히 아량 있는 코멘트를 해 준다는 점이다. 그래서는 안 된다. 그것은 당신에 대한 신뢰감을 떨어뜨리는 결과만을 가져올 뿐이다. 청중의 대답에 대해 아무런 코멘트도 하지 않는 것이 최선이다.

규칙 4_ 항상 정답을 제시하라

청중이 그 자리를 지키고 있는 이유는 연사로부터 정보를 얻기 위한 것이지, 결코 다른 청중에게서 정보를 얻기 위함이 아니라는 사실을 기억하라. 당신이 청중의 대답에 대해 아무런 코멘트를 하지 않음으로써 그들은 당신이 정답을 말해 주기를 고대하게 된다. 마침내 당신으로부터 정답이 나올 때쯤이면 청중의 관심도는 최고조에 이르게 된다. 이것이 바로 질문을 던짐으로써 이끌어 낼 수 있는 효과이다. 청중의 참여를 독려함으로써 그들의 이해도를 높임과 동시에 오래도록 기억할 수 있게 해 주는 것이다.

예를 들어, '감동을 주기 위한 말하기'를 어떻게 구성할 것인가에 대해 이야기하고 있다고 가정해 보자.

나 : 감동을 주기 위해서 말하는 경우에는 연사가 청중의 감동을 불러일으켜야 합니다. 만일 그렇게 하지 못하면 청중은 곧 당신의 이야기가 재미없다는 결론을 내리게 될 겁니다. 샐리, 어떻게 하면 청중의 감동을 이끌어 낼 수 있을까요?
샐리 : 글쎄요, 청중을 행복하게 해 준다면 감동을 자아낼 수 있을 것 같은데요.
나 : 존, 당신 생각은 어때요? 어떻게 하면 청중을 행복하게 해 줄 수 있을까요? (여기에서 내가 샐리의 대답을 되풀이하고 있음에 주목

하라.)

존 : 그들의 장점에 대해 언급하면 좋을 것 같군요.

나 : 린다, 청중을 감동시키려면 어떻게 해야 할까요? 당신이 들어 본 주례사 중에서 맘에 들었던 부분을 한번 떠올려 보세요. 그 주례사의 어떤 부분이 청중을 기분 좋게 만들던가요?

린다 : 옛 추억을 되돌아보게 하는 부분들이 주로 그랬던 것 같아요.

나 : 감상을 불러일으키는 데에는 5가지 방법이 있어요. 첫째, 시각적 스토리를 들려주는 것입니다.

당신은 내가 청중의 대답에 대해 단 한 번도 코멘트하지 않았음을 눈치챘을 것이다. 아직까지는 청중으로 하여금 각자의 대답을 고안하도록 내버려 두고 있는 것이다. 내가 정답을 말해 주기 전까지는, 그 누구도 자신의 대답이 옳은 것인지 그른 것인지 알 수 없다. 그들은 연사가 정답을 말해 주기만을 기다리고 있을 뿐이다. 이런 기술이야말로 언제나 효과 만점이다.

청중의 경험담을 활용하라

이것은 당신이 교육하고 있는 내용과 관련하여, 청중들로 하여금 좋았거나 나빴던 경험을 이야기하도록 하는 방법이다. 예를 들어, 당신이 컴퓨터 프로그램에 대한 단체 교육을 실시한다고 가정해 보자. 당신의 목표는 청중에게 새 프로그램의 작업 속도가 얼마나 빠르고, 동시에 얼마나 사용하기 편리한지를 보여 주는 것이다. 단순히 이 프로그램이 매우 빠르고 사용 방법도 간편하다고 말하기보다는, 교육생들로부터 이전 프로그램을 사용하면서 느꼈던 불편한 점을 이야기하게 한다면 더욱 효과가 있을 것이다. 이렇게 말해 보면 어떨까?

"예전 프로그램을 쓰면서 많이 불편했던 걸로 아는데, 구체적으로 어떤 점이 안 좋았는지 3가지만 말씀해 주시겠어요?"

이렇게 함으로써 당신은 새로운 컴퓨터 프로그램의 사용법이 훨씬 쉽고 편리하다는 사실을 역으로 보여 줄 수 있는 것이다. 또 이렇게 할 수도 있다. 청중 가운데 한 명에게 새로운 컴퓨터 프로그램을 직접 사용해 보도록 하는 것이다. 그리고 이렇게 말한다.

"어때요, 이 프로그램의 일부만 사용해 보아도 사용법이 매우 간단하다는 걸 알 수 있겠지요?"

적절한 곳에 필기할 수 있도록 유도하라

　우리는 청중을 좀 더 적극적으로 참여시킬수록 이야기에 대한 이해도가 높아진다는 사실을 이미 알고 있다. 청중에게 필기를 하게 하라. 과제물을 내 주거나 질문을 던지는 것도 좋다. 청중이 배우고 있는 내용 속으로 그들을 끌어들여라.
　당신은 사람들 앞에서 이야기하기에 앞서 철저하게 준비를 해야 한다. 청중이 뭔가 필기하기를 바란다면, 당신의 강연 원고 중 적절한 곳에 필기하라는 지침을 적어 놓는 것이 좋다. 특히 지식 전달을 목적으로 하는 경우에는 반드시 원고 속에 이와 같은 사항이 들어가야만 한다. 당신이 원고 준비에 쏟아 부은 노력과 투자한 시간이야말로 배우는 입장인 청중에게는 엄청난 도움이 될 것이다.

청중이 쉬어 갈 수 있게 항목을 나눠라

　당신이 교육하고 있는 내용을 항목별로 구분하여 잠시 쉬어 가게 해 줌으로써 청중의 이해를 도울 수 있다. 전달하는 내용이 너무나 방대한 경우, 전체를 하나의 덩어리로 이해하는 일은 쉽지 않다. 중간 중간 쉬어 가도록 하라.

리스터는 텔레마케팅 회사를 운영하고 있었다. 그는 사세를 좀 더 확장해 텔레마케팅 학교를 열고자 했다. 그에게는 텔레마케팅과 관련해 다년간의 경험이 있었고, 그러한 자신의 경험을 기업체에 전수해 주고 싶었던 것이다. 그는 이 학교 운영으로 수익도 많이 올릴 것으로 기대했으며, 적정한 강연료 수입을 위해 이틀 과정의 코스를 개설하기로 결정했다. 그런데 여기서 문제가 발생했다. 이틀 동안의 교육 과정을 무엇으로 채워야 할지 알 수가 없었던 것이다. 그는 텔레마케팅이란 것이 워낙 단순한 것이기 때문에, 누구라도 몇 시간이면 충분히 배울 수 있다고 생각했다.

그가 나를 만나고자 했을 때, 나는 먼저 그에게 교육 과정 계획표를 만들어 보내 달라고 요청했다. 사전 검토를 위해서였다. 하지만 그는 계획표를 보내 주지 않았다. 어디서부터 시작해야 할지 알 수 없었기 때문에 그 일을 시작조차 못한 것이다. 그가 유일하게 알고 있었던 것은, 어떻게 해서든지 이틀 동안의 교육 과정을 짜야 한다는 것뿐이었다.

목표를 명확하게 설정하지 않고는 결코 이야기를 시작할 수 없다. 실제로 리스터는 명확한 목표가 없었고, 그 상황에서 이틀간의 교육 과정을 알차게 짠다는 것은 무리한 바람이었던 것이다. 리스터와 나는 머리를 맞대고 고민하기 시작했다.

우선 그에게 질문을 던졌다.

"무엇을 가르치실 건가요?"
"어떻게 하면 텔레마케팅을 잘할 수 있는가 하는 겁니다."
"어떻게 하면 텔레마케팅을 잘할 수 있는데요?"
"먼저 말할 내용을 잘 정리해 적어 놓고, 적절한 음성으로 대화 상대자의 호기심을 유발시켜야 합니다."

이것으로 리스터는 이미 자신이 가르쳐야 할 3가지를 모두 내게 말해 준 셈이었다. 나는 그에게 다음 사항을 보여 주었다.

첫째, 원고
둘째, 목소리
셋째, 교감

이제 우리는 자연스럽게 그의 교육 프로그램을 3단계로 나눌 수 있었다.

1단계 : 텔레마케팅 원고 준비
2단계 : 목소리 훈련
3단계 : 대화 상대자와의 교감 불러일으키기

위의 항목은 또다시 몇 개의 항목으로 세분할 수 있다. 예를 들어 목소리 훈련의 경우 호흡법, 발성법, 감정 이입법 등으로 나눌 수 있을 것이다.

우리는 각각의 항목을 세분하기로 했다. 여기에서 몇 가지 의문점이 제기되었다. 좋은 텔레마케팅 원고란 무엇인가, 자기 자신을 어떻게 소개할 것인가, 어느 시점에서 제품에 대한 홍보를 시작할 것인가 등등이 그것이다.

상대방을 교육하기 위해 말하는 경우, 그 내용은 실질적이어야 한다. 실질적일수록 청중이 쉽게 이해하고 기억할 수 있다. 그래서 우리는 실습 시간을 많이 넣기로 했다. 그렇게 해서 리스터의 텔레마케팅 교육 프로그램이 완성되었다.

이제는 이틀간의 교육 내용을 채우는 일 정도는 문제가 되지 않았고, 오히려 이틀이라는 기간을 좀 더 늘릴 수 있는 방안을 생각하기에 이르렀다.

백번 설명보다 한 번 시연이 효과적이다

실제 제품을 사용하여 시범을 보여 주는 것도 좋은 방법이다. 시범을 보일 수 있는 제품이나 서비스가 준비되어 있다면, 그 내용을 이야기 중간에 삽입시키도록 하라. 그것이 어떤 것인지 제아무리 열심히 설명한다 해도, 단 한 번 시범을 보이는 것만 못하다. 제품이 있다면 시범을 보이고 청중이 시연할 수 있도록 하라.

　예를 들어, 당신이 화장품 회사 직원이고 새로운 피부 관리법에 대해 직원들을 상대로 교육하고 있다고 가정해 보자. 신제품이 피부에 어떤 효과를 일으키는지, 또 다른 제품과는 어떤 차별성이 있는지를 화장품 회사 직원이 모르고 있다면, 고객을 대상으로 제품을 판매하기가 쉽지 않을 것이다.

　또 비디오 촬영 기사들을 대상으로 새로 출시된 카메라에 대해 교육하고 있다고 가정해 보자. 그들에게 실제로 카메라를 만져 보게 함으로써 카메라의 성능을 눈으로 확인하게 할 수 있다. 이것은 카메라 성능에 대해 백번 설명하는 것보다 훨씬 빨리 이해할 수 있게 해 준다.

　보험 대리점을 상대로 오늘의 영업이 끝났음을 안내하는 교육을 실시한다면, 일단 말로 설명한 후에 실제 일어날 수 있는 다양한 상황을 설정하고 연습해 보도록 하는 것이 좋다. 실제로 경험해 보는 것이야말로 가장 효과적인 교육 방법이다.

교육적이면서 동시에 감동적이어야 한다

　교육을 할 때는 요점을 여러 번 강조하라. 몇 번을 반복했는가는 문제되지 않는다. 반복하면 반복할수록 청중은 더욱 쉽게 이해할 수 있다. 이것은 당신이 학생을 대상으로 시험을 치르거나, 연습 문제를 내거나, 질문을 하거나, 혹은 과제물을 내 주는 단계에서 실시할 수 있는 방법이다. 학생을 이런 훈련에 적극 참여시킴으로써 당신은 그들이 얼마나 많은 것을 배웠는지 확인할 수 있다.

기억하라. 당신의 역할은 청중에게 가르침을 전하는 일이다. 만일 그들이 얼마나 많은 것을 배웠는지 확인하지 못한다면, 당신은 다음 단계로 넘어가야 할지 말아야 할지 확신할 수 없게 된다.

당신의 이야기에 위와 같은 테크닉을 가미한다면 청중은 교육 내용을 좀 더 분명하게 이해할 수 있을 것이다. 이러한 방법은 어느 하나만을 선택해서 사용해야 하는 것은 아니다. 마음에 드는 모든 방법을 활용할 수 있으므로 적절히 혼합하여 적용하라. 예를 들면, 새로운 카메라 사용법을 시연하면서 요점을 항목별로 구분하여 교육할 수도 있고, 청중의 참여를 독려하면서 반복법과 강조법을 동시에 사용할 수도 있다.

어쨌든 당신이 기억해야 할 것은 가르침을 전하기 위해서 말할 때는 교육적이면서도 동시에 감동적이어야 한다는 점이다. 당신이 교육한 내용에 대해 청중이 감동하도록 만들기 위해서는 감동을 불러일으킬 수 있는 모든 방법을 동원해야 한다.

지식을 전달하기 위한 말하기 사례

　8살짜리 초등학생들을 대상으로 아날로그시계 보는 법을 가르치게 되었다고 가정하자. 교육이 실질적인 효과를 거두기 위해서는 학생들에게 나눠 줄 모형 시계를 준비해야 할 것이다. 당신은 전체 교육 시간을 두 부분으로 나누었다. 첫 시간은 시침에 대해 가르치고, 둘째 시간에는 분침에 대해 가르치는 것이다. 당신이 적용할 규칙과 사용할 표현은 다음과 같다.

목표 설정

여러분 안녕! 오늘 아침에는 여러분들에게 아날로그시계 보는 방법을 가르쳐 줄 거예요.

질문을 통한 참여

수지, 디지털시계가 아닌, 바늘 달린 아날로그시계를 주로 어디에서 볼 수 있나요? 로버트, 아날로그시계와 디지털시계의 차이점이 뭔지 말해 볼까요?

도구를 이용한 호기심 유발과 시연을 통한 참여 유도

선생님이 만든 시계를 하나씩 나눠 줄게요. 한 사람이 하나씩 받게 될 겁니다. 누가 선생님 좀 도와줄 수 있을까? 콜린, 이리 나와서 시계 나눠 주는 일 좀 도와줄래요?

자, 이제 시계를 보도록 하지요.

항목별로 나누어 설명하기

자, 시계판에 1부터 12까지의 숫자가 쓰여 있지요? 바늘이 두 개 있는데, 그중 하나는 크고 하나는 작다는 걸 알 수 있을 거예요. 선생님이 큰 바늘과 작은 바늘을 따로따로 설명해 줄게요.

자, 먼저 숫자부터 보도록 합시다.

시계판 전체에 1부터 12까지의 숫자가 차례로 쓰여 있는데, 12가 제일 위의 한가운데에 쓰여 있어요. 이 12개의 숫자는 각각 몇 시인지를 나타낸답니다. 바늘이 여기에 있으면 12시이고, 여기가 1시, 여기가 2시입니다.

청중 참여시키기

다른 시간을 다 함께 불러 볼까요? 자, 여기는 3시, 4시, 5시······.

정보 전달

그런데 시계 보는 법이 이렇게 쉽다면, 오늘 수업은 여기에서 마쳐야 할 겁니다. 하지만 좀 더 배울 게 남아 있어요.

자, 작은 바늘을 한번 볼까요? 작은 바늘은 언제나 시를 가리킵니다. 예를 들어, 작은 바늘이 3이라는 숫자를 가리키고 있으면 3시라는 얘기지요. 자, 지금 선생님이 시계바늘을 돌리고 있는데, 작은 바늘이 돌아가는 것이 보이지요? 시계바늘은 항상 이 방향으로만 돈답니다.

시연과 반복

자, 이제 시계 방향으로 작은 바늘을 돌려서 3이라는 숫자에 멈추게 하겠습니다. 지금은 몇 시인가요?

자, 이번에는 9자로 옮기겠어요. 시계가 늘 한 방향으로만 움직이는 것을 잘 보세요. 조금 전에 3자를 가리켰을 때가 오후 3시였다면, 9자를 가리키고 있는 지금은 몇 시일까요? 밤 9시일까요, 아침 9시일까요?

자, 이번에는 작은 바늘을 다시 시계 방향으로 돌려 7자에 서도록 하겠습니다. 지금은 다음 날 아침 7시입니다. 자, 여러분들 중에 학교 갈 준비를 하기 위해 매일 아침 7시에 일어나는 사람 있어요?

강조

오늘 아침에는 여러분들에게 아날로그시계 보는 방법을 가르쳐 주었습니다. 그리고 작은 바늘은 언제나 같은 방향으로 움직인다는 것도 알려 줬지요?
내일은 큰 바늘, 분침에 대해 배울 거예요.

위의 사례를 통해 당신은 교육적이면서 동시에 감동을 불러일으키는 모든 방법을 사용해 보았다. 8살짜리 초등학생들은 당신이 가르쳐 준 사실을 정확하게 기억할 것이다.
위의 규칙들을 잘 따른다면 당신의 이야기는 좋은 성과를 거둘 수 있다.

10
행동을 촉구하기 위한 말하기

과장될수록 행동으로 이어질 확률도 높다

청중의 행동을 촉구하기 위한 대표적인 경우는 전당 대회의 정당 연설이나 연례 세일즈 프레젠테이션, 종교단체에서의 설교, 선동용 좌담 등이다. 이러한 연설의 공통점은 청중을 자극시켜 행동으로 이어지도록 하는 것이다. 이런 유형의 말하기는 통상 대규모 청중을 대상으로 이루어지며, 그 규모도 방대하다.

행동을 촉구하기 위한 말하기의 전달 방식은 다분히 과장되어 있다. 과장된 방식으로 이야기를 진행할수록 더 성공적으로 끝마칠 확률도 높아진다. 당신의 행동이 청중을 자극하고, 결국 그들로 하여금 당신이 원하는 대로 행동하게 하는 것이다. 당신이 어떻게 행동하느냐에 따라 바로 이야기의 승패가 결정된다.

전당 대회 연설에서는 보조 수단을 많이 활용하게 된다. 지지자들은 저마다 손에 플래카드를 들고 있다. 요란한 음악이 울려 퍼지지만 결국에는 군중의 환호 소리에 파묻히고 만다. 연사가 연단에 오를 때쯤이면 군중의 감흥은 이미 터질 듯이 고양된 상태가 된다. 피켓과 플래카드의 물결이 군중의 흥분을 더욱 부채질한다.

연례 세일즈 프레젠테이션은 전당 대회 연설보다는 수위가 좀 낮지만, 청중의 감흥을 고조시키고 선동하고자 하는 기본적인 목적은 같다. 이때 당신 팀의 목적은 다음 달에 더 큰 실적으로 성공을 거두는 것이다.

광고 프레젠테이션은 텔레비전을 통해 방송되는 광고 연설로, 청중을 눈앞에 두고 직접 이야기하는 경우와는 근본적으로 차이가 있다. 자신의 경험을 돌이켜 보라. 만약 당신이 어떤 상점에 있는데 영업사원이 다가와 제품에 대해 이야기한다면, 당신은 그 영업사원의 말에 귀 기울일 것인가, 아니면 멀리 달아나 버릴 것인가. 대부분의 경우, 그 영업사원의 얼토당토않은 과장 때문에라도 그를 떨쳐 내고 얼른 자리를 뜰 것이다.

하지만 텔레비전을 통해 방송되는 광고의 경우는 다르다. 광고는 많은 돈을 쏟아 부어야 하는 분야이지만 또한 그만한 효과가 보장되는 분야이기도 하다. 방송 광고 프레젠테이션이 이처럼 효과를 거두는 것은 서로 다른 시청자의 취향을 반영한 서로 다른 구조를 갖고 있기 때문이다. 텔레비전 시청자들은 보는 즐거움을 추구한다. 만일 광고가 재미없다면 시청자들은 사정없이 리모컨을 눌러 그보다 더 재미있는 다른 프로그램으로 채널을 돌려 버린다.

종교단체의 설교 역시 과장된 연설 기법을 사용한다. 이런 종류의 설교는 대단한 성과를 거두곤 하는데, 실제로 신도들은 설교를 듣고 나서 자신이 믿고 있는 종교에 대해 더욱 강한 애착과 자긍심을 갖게 된다. 그리고 연사에 대한 믿음 또한 더욱 강해진다.

과연 어떻게 이런 일이 가능할까? 행동을 촉구하기 위한 말하기의 규칙을 잘 따르고 그 규칙에서 벗어나지만 않는다면 충분히 가능한 일이다.

행동을 촉구하기 위한 말하기 사례

당신은 연말 영업사원들의 모임에서 연설을 해 달라는 요청을 받았다. 힘든 한 해였음에도 모두가 혼신을 다해 일한 덕분에 목표를 초과 달성하게 되었다. 연말 미팅은 교외에 자리 잡은 한 휴양시설에서 열렸으며, 참석자들은 미팅이 끝난 후 휴양시설을 즐기기로 했다. 이때 당신이 따라야 할 규칙과 사용해야 할 표현은 다음과 같다.

목표 설정

안녕하십니까, 여러분? 오늘 밤, 여러 영업사원들을 모신 자리에서 이렇게 감사의 말씀을 드리게 된 것을 무한한 영광으로 생각합니다. 여러분들의 노고가 아니었다면 우리는 결코 목표를 달성하지 못했을 겁니다.

청중의 참여와 감각의 자극

여러분들의 노고가 컸습니다. 자, 모두들 자리에서 일어납시다. 그리고 뜨겁게, 떠나갈 듯이, 자랑스러운 마음으로 박수를 칩시다. 여러분들은 박수를 받을 만한 자격이 있습니다. 감사합니다!

시각적 스토리

10년 전 어느 날, 저는 사무실에 서 있었습니다. 여러분 중 상당수도 그 자리에 계셨지요. 이제 막 사업을 시작한 때였습니다. 사무실은 비좁았지요. 저는 여러분을 한자리로 불러 모은 뒤, 우리는 성공할 수 있을 거라고 말했습니다.

저는 여러분의 얼굴을 하나하나 쳐다보면서, 우리야말로 진정한 드림팀이라고 생각했던 것을 기억하고 있습니다. 저는 우리 제품이 잘 팔리고 있으며, 동종의 다른 제품보다 훨씬 우월하다는 사실을 여러분에게 말씀드렸습니다.

여러분이 해야 할 일은 바로 시장을 개척해 시장 문을 활짝 여는 일이었지요. 나는 여러분에게 그것이 쉽지 않으며 매우 힘들 것이라고 경고했습니다. 시간이 아주 많이 걸리는, 멀고 먼 길이라고요. 그때에도 여러분은 제 앞에서 이렇게 말했습니다.

"우리를 겁줄 생각 마십시오. 우리는 해내고 말 겁니다."

부정적인 결과 제시

참으로 힘든 작업이었습니다. 만일 최초의 난관에서 무릎을 꿇었다면, 일은 한층 더 어려워졌을 겁니다. 수많은 난관이 있었지만 우리는 정면으로 부딪쳐 나갔지요. 만일 우리가 포기해 버리고 말았다면 어땠을까요?

청중의 참여

아마도 여러분은 이렇게 말했을 겁니다. 안 돼! 안 돼! 안 돼!

부정적인 결과 제시

여러분이 포기했다고 한번 상상해 보세요. 아마도 가장 쉬운 선택이었겠지요. 그때나 지금이나 저는 우리가 정말 자랑스러운 팀이라는 것을 믿어 의심치 않습니다.

올해는 참으로 힘겨운 해였습니다. 불황이 가시지 않았지요. 곳곳에서 판매량이 하향 곡선을 그리고 있었습니다. 그래서 목표를 설정하는 것조차 쉽지 않은 일이었습니다. 그런데 우리는 지금 그 일을 해냈습니다. 여러분이 그 일을 해낸 겁니다. 여러분이 결코 고개를 떨구지 않고 "안 돼!"라고 외쳤기 때문입니다. "절대 그렇게 두지는 않겠어! 절대 그럴 수는 없어!"라고…….

긍정적인 결과 제시

여러분의 노고에 힘입어 우리는 금년에 지난해보다 더 높은 판매 실적을 올릴 수 있었습니다. 저는 여러분이 한없이 자랑스럽습니다. 여러분 한 사람 한 사람에게 찬사를 보내고 싶습니다. 다시 한 번 우리는 자랑스러운 팀이라는 것을 말씀드립니다. 그리고 내년에도 역시 우리는 해낼 것을 믿습니다. 새로운 기록을 갱신하기 위해 도전합시다.

목표 설정

축하합니다. 그리고 감사합니다.

　행동을 촉구하기 위해서 말하는 경우에는 매우 감동적이면서 또한 설득력이 있어야 한다. 당신의 목표는 팀원들을 고무시켜 내년에 더 나은 목표에 도달할 수 있도록 하는 것이다. 당신은 약간의 과장을 더하여 말하고 사기를 높일 수 있는 일화를 이야기하고 청중을 참여시킴으로써 그 목표를 달성할 수 있다. 당신은 그들과 함께 소리를 높여 노래를 부름으로써 그들의 감흥을 고조시킬 수도 있다.

이때는 강조해야 하는 부분을 얼마나 잘 부각시키느냐에 따라, 청중의 감동을 불러일으키거나 그렇지 못하게 된다. 그리고 부정적인 결과와 긍정적인 결과를 함께 제시하여 더 높은 목표를 향해 도전할 수 있도록 청중을 설득할 수 있다. 이런 규칙들을 잘 따른다면 당신은 좋은 성과를 거둘 것이다.

11
사실을 설명하기 위한 말하기

시각 자료를 준비하라

　사실을 설명하기 위해서 이야기하는 경우 순수하게 현재의 사실적인 정보를 전달하는 데 초점을 맞춰야 한다. 여기에는 리포트나 회의석상에 제출하는 자료들, 예산서 등이 포함된다. 이런 종류의 이야기에서 연사의 역할은 청중을 어떤 방향으로 이끌어 가는 것이 아니다. 연사는 객관적인 입장에서 청중이 이해하기 쉽도록 사실을 설명해 주어야 한다. 여기에는 반드시 따라야 할 규칙이 있다.
　우선 사실을 설명하기 위해서 말하는 경우에는 어떤 형태든 시각적 자료가 있어야 한다. 차트나 슬라이드, 유인물 등이 그것이다. 이러한 시각 자료 없이 이야기가 매끄럽게 진행되기는 어렵다. 전달해야 할 정보는 너무나 많은데, 이러한 보조 장치가 없다면 청중이 당신의 이야기 내용을 따라잡기 어렵기 때문이다.

당신이 시각적인 보조 자료 없이 사실을 설명하려고 한다면, 준비를 철저하게 해 왔음에도 어딘가 부족하다는 지적을 피하기 어렵다. 그러나 거기에 차트나 슬라이드, 유인물 등이 수반된다면 평가가 바뀌게 된다.

기억하라, 청중이 당신의 설명을 쉽게 알아들을 수 있도록 해야 한다. 그렇지 않으면 당신의 이야기는 목적을 달성할 수 없다.

무엇보다 당신의 이야기가 우선임을 명심하라

때로 유인물을 보는 청중이 당신의 설명에 앞서 페이지를 넘기는 경우가 있는데, 이것은 반드시 피해야 한다. 유인물은 청중이 당신의 설명을 보다 쉽게 이해할 수 있도록 돕는 보조 장치이다. 따라서 청중은 항상 당신이 하고 있는 이야기의 진도에 맞는 페이지를 보고 있어야 한다.

만약 청중이 당신의 진도보다 훨씬 앞서 나가 다른 페이지를 보고 있다면, 당신은 "자, 여러분, 앞으로 돌아와 3페이지를 보시면······" 하는 식으로 말하는 게 좋다. 아니면 청중이 얼른 훑어보고 다시 제자리로 돌아오기를 기다려라. 그것도 아니면 단도직입적으로 지적하라.

"조지, 더 진행하기에 앞서 우선 49페이지를 봐 주세요. 거기를 보면 지금 설명하고 있는 차트가 나와 있을 겁니다."

그것이 왜 중요한지는 다음 사례를 보면 잘 알 수 있다.

사라는 예산안 보고서를 준비하고 있었다. 그녀는 이 보고서에 엄청난 시간과 노력을 기울였고, 청중을 자신이 원하는 방향으로 이끌어 가기 위해 수많은 차트를 만들었다. 그런데 그 차트가 구두로 진행하는 이야기의 내용과 딱 들어맞지 않았다. 그녀는 그 자료들을 차례대로 다 소개했음에도 전체적인 윤곽을 보여 줄 수 없었으며, 청중은 더 혼란스럽기만 했다. 유인물도 첨부되어 있었지만 청중은 유인물을 뒤적거리느라 사라의 설명을 제대로 듣지 못했.

아마도 사라의 이야기한 목표는 이런 것이 아니었을 것이다.

항목별로 구분하라

사실을 설명하는 경우, 그 내용은 청중의 관심을 집중시키기 어려운 지루한 내용일 때가 많다. 하지만 당신은 그들로 하여금 당신의 설명을 듣고 싶어 하도록 만들어야 한다. 항목별로 단계를 구분해 이야기를 시작하면 진행이 훨씬 쉬워지고 청중의 혼란도 줄일 수 있다. 우선 전체적인 목표를 설정하는 작업부터 시작해, 어떤 방식으로 이를 실현시켜 것인지를 설명한다.

피터는 자사에서 6개월 전에 시중에 내놓은 휴대폰의 판매 진척 상황에 대한 보고를 하게 되었다. 신제품에 대한 소비자의 관심은 폭발적이었으며 판매량도 놀랄 정도였다. 그러나 피터는 뭔가 설명해야 한다는 부담을 느끼면서도, 그저 "잘돼 가고 있습니다"라는 말 한마디 외에는 어떤 말을 해야 할지 알 수 없었다. 우리는 성공적으로 보고를 마치기 위해 준비 작업을 시작했다.

우선 목표를 설정했다. 목표는 청중에게 휴대폰의 판매 상황이 얼마나 낙관적인가에 대해 알려 주는 것이었다. 내가 질문했다.

"피터, 당신은 왜 판매 실적이 좋다고 생각하나요?"

"아, 그거야 간단하지요. 그동안 지속적으로 홍보를 해 왔으며, 콘테스트를 통해 경쟁사의 제품과 비교해서 품질의 우수성이 입증되었기 때문입니다. 그 결과 당초 목표를 25%나 상회하는 판매 실적을 올릴 수 있었지요."

나의 질문에 대답하면서 피터는 자연스럽게 3가지 항목으로 답변을 정리할 수 있었다.

첫째, 지속적인 홍보
둘째, 콘테스트를 통한 제품의 우수성 입증
셋째, 판매 실적 향상

피터는 도표와 그래프를 담은 차트를 자신의 이야기에서 보조수단으로 사용하기로 했다.

만일 그가 자신의 이야기할 내용을 항목별로 세분화하지 않았다면, 그가 제시한 정보는 온통 뒤죽박죽이 되고 말았을 것이다. 그리고 청중은 그가 전달하는 내용을 도저히 이해할 수 없었을 것이다.

반복해서 설명하라

당신이 자료에 대한 설명을 반복할수록 청중들은 그것을 더 잘 기억하게 된다. 물론 차트나 슬라이드를 반복해서 보여 줄 수도 있다. 어떤 부분에 대해 강조하고자 한다면, 반복하라. 당신은 반복이 얼마나 큰 효과를 가져오는지 확인하게 될 것이며, 그 효과에 놀라게 될 것이다.

사실을 설명하기 위한 말하기 사례

당신은 6개월 전에 자사에서 출시한 휴대폰 Cell501 모델의 현재 판매 상황에 대해 보고하는 일을 맡게 되었다. 당신이 적용해야 할 규칙과 활용해야 할 표현은 다음과 같다.

목표 설정

여러분 안녕하십니까. 오늘 여러분을 이 자리에 모신 것은 지금까지의 Cell501 판매 상황에 대해 보고하기 위해서입니다.

Cell501 모델은 2013년 4월에 처음 출시되었습니다. 우리는 출시 첫해에 1만 대를 판매 목표로 잡았습니다. 그런데 지금까지의 판매 상황을 살펴본 결과, 최초의 목표를 훨씬 초과한 것으로 확인되었습니다. 최초 6개월 동안에 판매된 물량만도 이미 7,500대를 넘어서고 있는 것입니다.

Cell501 모델에 대한 소비자들의 관심 역시 우리가 기대했던 것 이상이었습니다. 이런 관심이 바로 우리의 2014년 판매 목표 설정에 그대로 반영되고 있습니다. 현재 우리는 판매 목표량을 30% 높여 잡았고, 별 어려움 없이 목표를 달성할 수 있으리라 생각합니다. 실제로 이 프레젠테이션이 끝난 뒤에는 목표치를 30%가 아닌 40%로 늘려 잡는 사안에 대해 토론할 수도 있겠지요. 오늘 준비한 저의 프레젠테이션은 두 부분으로 구성되어 있습니다.

이야기의 진행에 맞춰 시각 자료 활용

<u>차트 1</u> - 홍보 결과 분석

      콘테스트를 결과 분석

      판매 결과 분석

항목별 세분화

무엇보다 먼저 홍보 결과에 대해 검토를 할 것입니다.

그러고 나서는 콘테스트의 결과에 대해 검토할 것입니다.

끝으로 판매 결과를 분석할 것입니다.

이야기의 진행에 맞춰 시각 자료 활용

<u>차트 2</u> - 신문 광고

      라디오 광고

      텔레비전 광고

항목별 세분화

최초의 광고는 2월 마지막 주에 신제품 출시를 알리는 것으로 시작되었습니다.

이 단계에서는 우리의 제품이 무엇인지를 정확히 보여 주지 않았습니다. 일종의 호기심을 자극하는 기법이었지요. 시청자들에게는 인터넷 사이트에 접속하면 자세한 정보를 알 수 있다는 광고를 내보냈습니다. 사이트 방문자는 100만 명에 달했으며, 이들은 주로 어디에서 광고를 접했는지, 왜 이 제품에 관심을 갖게 되었는지에 답해 주었습니다. 다시 말해서 무엇이 고객으로 하여금 사이트에 접속하도록 했는지를 밝힌 것입니다.

우리는 이 광고가 엄청난 센세이션을 일으켰음을 알게 되었습니다. Cell501 모델에 대해 더 많이 알고 싶어 하는 고객들이 이렇게 많다는 것은, 이 제품을 출시할 경우 고객들의 구매로 이어질 가능성이 높음을 보여 주는 것이기도 했습니다.

3월로 접어들면서 광고에서는 Cell501에 대한 설명을 시작했으며, 이 모델만이 갖고 있는 새로운 사양에는 어떤 것들이 있는지 알려 주었습니다. 우리는 사전에 예약하는 고객에게는 10% 할인 혜택을 주기로 했습니다. 이 모델은 대형 매장에서만 취급했는데, 출시된 지 2주 만에 무려 1,105대를 판매할 수 있었습니다. 다시 말씀드리지만 이것은 우리의 예상을 훨씬 뛰어넘는 기록이었습니다.

라디오 광고를 통한 효과에 대해서는 정확한 측정을 하지 않았습니다. 그러나 라디오 광고 역시 유인물이나 텔레비전 광고를 측면 지원하는 효과를 냈다고 확신합니다. 우리의 목적은 고객의 관심을 불러일으키는 것이었으며, 사이트 접속자 수로 보았을 때 그 목적은 달성되었음을 알 수 있습니다. 정확한 결과는 이 그래프를 참조하시면 됩니다.

이야기의 진행에 맞춰 시각 자료 활용

<u>회계 자료 3</u> - 광고를 보거나 들은 사람의 숫자와 실제로 당장, 혹은 6개월이나 1년 이내에 Cell501 모델을 구입할 의사가 있는 사람의 숫자를 비교하여 작성한 그래프

당신은 위의 보고 내용을 통해 논리적 뒷받침만 된다면 청중이 정보를 수용한다는 사실을 깨달았을 것이다. 이런 효과는 항목별로 세분화시켜 설명하고 시각적 자료를 활용함으로써 얻어 낼 수 있는 것이다. 목표는 명확하게 설정되어 있다. 진행 순서도 확실하게 잡아 놓았다. 몇 가지 사실에 대해서는 반복법을 적용했다. 이제 청중은 구체적이면서도 잘 정돈된 차트를 봄으로써, 명확하게 정보를 이해하게 될 것이다.

사실을 설명하기 위해 이야기하는 일은 어떤 곳에서든 가능하다. 당신이 이런 형태의 이야기를 해 줄 것을 요청받았다면 정보 전달이 잘 되도록 하기 위해서는 과연 어떤 식으로 이야기를 풀어 나가야 할지 생각해 보라.

12
같은 소재를 다르게 말하기

이번에는 같은 주제를 다루고 있으면서도 서로 다른 목적을 가진 5가지의 이야기를 비교해 보자. 같은 상품이라도 그 목적에 따라 전혀 다른 방법으로 소개된다는 것을 알 수 있다. 대상 제품은 세계적인 화장품 회사인 '꽃단지'에서 출시한 제품으로, 젊음을 되돌려 준다는 '젊어지네'이다.

제품을 판매하는 경우 : 세일즈를 위한 말하기

목표 설정

이번에 새로 출시한 피부 재생 크림 '젊어지네'를 소개합니다. 이

크림이 어떻게 피부를 재생시켜 주는지 보여 드리도록 하겠습니다.

부정적 결과 제시

　당신은 지난 2년간 꽃단지의 화장품을 사용해 온 고객입니다. 저는 당신을 처음 만났던 순간을 지금도 기억하고 있습니다. 당신의 피부는 심한 건성이었고, 피로에 몹시 지친 상태였지요. 피부는 탄력이 없어 매우 푸석해 보였습니다.

긍정적 결과 제시

　그런데 지금 당신의 피부가 얼마나 탄력 있는지 한번 보십시오(피부 상태를 보여 준다). 정말 건강해지지 않았습니까? 한눈에 보아도 알 수 있지요.

정보 전달

　꽃단지에서는 최근 피부 재생 크림 '젊어지네'라는 신제품을 개발했습니다. 이 크림은 평상시에 자주 사용하셔도 좋고 환절기, 즉 피부가 유난히 건조해진다고 느끼는 계절에 피부 효능을 촉진시키기 위해 사용하셔도 좋습니다. 이 제품은 시중에 나와 있는 다른 제품들과는 현격한 차이가 있으며, 현재 특허 출원중입니다. 한번 아침저녁으로 사용해 보십시오.

이점 제시

'젊어지네'를 2주일 동안 사용하고 나면, 3가지의 효과를 즉시 발견하실 수 있을 겁니다.

첫째, 피부가 놀랍도록 부드럽고 매끄러워진 것을 느낄 수 있습니다. 둘째, 피부가 지속적으로 보호받고 있다는 것을 느낄 수 있습니다. 셋째, 주변의 난방기기가 일으키는 피부 건조를 막아 주기 때문에 피부가 늘 촉촉함을 느낄 수 있습니다.

결론

당신은 늘 피부를 보호하기 위해 뭔가가 필요하다고 생각하셨지요? '젊어지네'야말로 당신이 늘 필요로 하던 바로 그 제품입니다.

제품에 대한 신뢰를 높이는 경우
: 감동을 전하기 위한 말하기

배경 설명

6년 전에도 저는 꽃단지의 제품 출시를 알리기 위해 이 자리에 섰었습니다. 간혹 꽃단지의 제품이 시중에 나와 있는 다른 제품들과 도대체 어떻게 다른지 묻는 분들이 계십니다. 저는 그런 질문에 대해 "일단 한번 사용해 보시면 알게 될 겁니다"라고 대답하곤 하지요. 그러면 많은 고객들이 이렇게 말하곤 합니다. "예, 전에도 그렇게 말하셨지요." 오늘도 저는 여러분을 대상으로 똑같은 말을 하고자 합니다.

목표 설정

　우선은 고객 여러분께 우리 회사의 최신 제품인 '젊어지네'를 소개하게 되어 기쁩니다.

시각 자료

　(피부 재생과 관련된 비디오 한 편을 상영한다. 즉 피부의 노화부터 시작하여 어떤 과정을 거쳐 노화된 피부를 재생시키는가를 보여 주는 것이다.)

정보 전달

　여러분이 보신 것처럼, 이 크림은 피부 보호에 놀랄 만한 효과를 줍니다. 이 제품은 평상시에 자주 사용하셔도 좋고, 피부가 유난히 건조해진다고 느끼는 환절기에 피부 효능을 촉진시키기 위해 사용하셔도 좋습니다. 유분이 포함되어 있지 않은 100% 오일 프리 제품이기 때문입니다.

우리가 조사한 자료에 따르면, 이 제품을 사용한 여성 중 93%가 사용 후 피부가 부드러워졌다고 답했습니다. 그리고 89%는 피부가 놀랄 만큼 탄력적이고 매끄러워진 것을 느꼈다고 했습니다. 이것은 대단히 높은 수치입니다.

저희 회사에서 출시한 모든 제품이 다 그렇지만, 이 크림 역시 동물 실험을 거쳐 출시된 제품이 아닙니다. 꽃단지는 순한 화장품으로 명성이 높습니다. 여러분 모두 아시겠지만, 우리는 제품의 효능 시험을 실험실 내에서 실제 인체를 대상으로 실시하고 있습니다.

시각 자료 활용과 시연

(제품을 높이 들어 보인다.)

'젊어지네'는 현재 시중에 나와 있는 다른 제품들과는 비교할 수 없는 뛰어난 제품이며, 현재 특허 출원중입니다. 여러분이 직접 사용하셔서 효과를 피부로 느껴 보시기 바랍니다.

오늘 이 자리에 참석해 주신 모든 분들께 심심한 사의를 표하며, 사은품으로 제품의 샘플을 한 병씩 드리고자 합니다.

바쁘신 데도 불구하고 '젊어지네' 크림의 출시를 위한 모임에 와 주신 여러분께 다시 한 번 감사의 말씀을 드립니다.

제품에 대해 교육하는 경우
: 지식을 전달하기 위한 말하기

목표 설정

 안녕하십니까? 여러분에게 꽃단지의 신제품 '젊어지네'를 소개하고자 합니다.

항목별 세분화

 '젊어지네'에 대한 교육은 세 부분으로 나누어 실시하게 될 텐데, 첫 번째는 제품 자체에 대해 설명하는 시간입니다. 이 시간에는 '젊어지네'가 어떤 제품이며, 어떤 기능을 갖고 있는지를 설명하겠습니다. 두 번째는 이 제품의 판매 기법을 배우는 시간이며, 세 번째 시간에는 여러분 전체를 두 그룹으로 나누어 실제 판매를 위한 역할 놀이를 해 보도록 하겠습니다.

시연과 감각의 자극

 우선 여러분들에게 '젊어지네' 샘플을 하나씩 나눠 드리도록 하겠습니다.
 자, 샘플을 하나씩 받으셨지요? 그럼 뚜껑을 열고 각자의 손에 크림을 조금씩 발라 보시기 바랍니다.

감촉이 어떻습니까? 끈적이지 않지요? 기름기가 번들거리지도 않습니다. '젊어지네'는 오일 프리 제품이기 때문입니다. 이것은 여러분들이 반드시 기억해야 할 중요한 특징입니다.

질문을 통한 참여 유도

왜 그럴까요? 왜 이 점을 반드시 숙지해야 할까요? 소냐, 한번 대답해 볼래요? (소냐가 대답한다.) 끌레르 생각은요? (끌레르가 대답한다.)

(당신이 계속할 차례이다.)

'젊어지네'는 오일 프리 제품입니다. 그것은 곧 어떤 타입의 피부에도 사용할 수 있다는 것을 의미합니다. 바꿔 말하면, 고객의 피부가 어떤 타입이건 판매할 수 있는 좋은 제품이라는 말입니다. 이 제품으로 인해 고객이 피부 트러블을 겪지 않을까 하는 염려는 접어두어도 좋습니다. 절대 그럴 일은 없으니까요. 모든 고객에게 권해 주십시오.

그렇다면 여러분들에게 돌아가는 이익은 무엇일까요? 물론 모든 고객을 대상으로 판매하기 때문에 판매가 신장될 것이며, 그것은 곧 더 많은 수익을 의미하겠지요. 더욱이 이 제품은 얼굴 어느 부위라도 사용이 가능합니다. 눈 주위, 코 주위, 입술 주위, 목과 턱, 어느 부위에나 바를 수 있습니다.

정보 전달

또한 '젊어지네'는 오일 프리 제품이기 때문에 우리 회사에서 생산하는 다른 크림과도 병행하여 사용할 수 있습니다. 고객에게 아침저녁으로 다른 꽃단지의 제품들과 함께 사용해 보도록 권해 주십시오.

'젊어지네'에는 식물성 추출물이 함유되어 있습니다. 이 성분은 꽃에서 추출된 성분으로, 꽃잎을 부드럽고 매끄럽게 유지시켜 주는 역할을 합니다. 기존에 출시된 제품 중에 이 성분에 사용한 제품은 하나도 없습니다. 우리 회사가 최초로 이 기술을 개발하였으며, 현재 이 부문도 특허 출원중입니다.

실습을 통한 참여 유도

그렇다면 '젊어지네'는 피부에 어떤 영향을 미칠까요? 나눠 드린 유인물 3페이지를 보시기 바랍니다. 거기에 피부에 미치는 4가지 효과가 나와 있습니다.

첫째, 피부를 매끄럽고 부드럽게 유지시켜 줍니다. 우리 연구소의 실험 결과, '젊어지네'를 2주 동안 사용한 여성 고객의 93%는 피부가 전보다 부드러워진 것을 느꼈다고 합니다.

둘째, 피부를 매끄럽게 만들어 줌으로써 탄력을 가져옵니다. 2주 동안 이 제품을 사용한 여성의 89%가 피부가 훨씬 더 매끄러워졌으며, 탄력 있게 변했다고 대답했습니다.

셋째, 난방 기기나 냉방 기기에서 발생하는 기류, 대기 오염 등 주변 환경으로부터 발생하는 피부 스트레스를 제거해 줍니다. 그밖에 환경으로 인한 피부 스트레스에는 어떤 것들이 있는지 누가 한 번 말해 볼래요?

끝으로, '젊어지네'는 피부 효능을 촉진시킵니다. 이 제품은 피부 기능을 촉진시키는 효과가 있기 때문에 다른 수분 제품과 함께 사용하는 것이 좋습니다.

도표를 사용한 반복 교육

이를 간략히 다시 설명해 보자면 4가지 효능은 이렇습니다.
첫째, 피부를 매끄럽고 부드럽게 해 준다.
둘째, 피부에 탄력을 더해 준다.
셋째, 환경으로 인한 피부 스트레스를 제거해 준다.
넷째, 피부 효능을 촉진시킨다.

강조

연습을 위해, 여러분 모두 내일까지 '젊어지네'를 위한 1분짜리 프레젠테이션을 준비해 오시기 바랍니다.

청중의 행동을 끌어내는 경우
: 행동을 촉구하기 위한 말하기

배경 설명

저는 지난주에 베트남에 있었습니다. 도대체 이 시점에서 베트남에는 왜 갔느냐고 물으시겠지요? 옛 전우를 구출하기 위해서도 아니었고, 휴가를 보내기 위해서도 아니었습니다. 제가 그곳에 간 이유는 한 공장 노무자들에 대한 기가 막힌 이야기를 들었기 때문입니다. 그 공장은 우리나라의 대기업 소유였습니다.

제일 먼저 충격을 받은 것은 공장 정문 밖에서 울고 있는 소녀를 만났을 때였습니다. 제가 통역을 통해 소녀에게 왜 울고 있는지 묻자, 소녀는 매우 두려워하는 얼굴로 주변을 한번 살펴보았습니다. 저 역시 고개를 돌려 주변을 살폈지만 우리 외에는 아무도 없었습니다.

저는 소녀의 팔과 얼굴에 생긴 상처를 보았습니다. 팔에는 멍이 들어 있었고 얼굴에는 긁힌 상처가 뚜렷이 남아 있었으며, 얼굴을 돌릴 때마다 표정이 잔뜩 일그러졌습니다. 구타를 당했던 겁니다. 아직 어린 나이였는데도, 소녀의 두 눈에서는 젊음의 생기를 찾아볼 수 없었습니다.

저는 제가 묵고 있는 호텔로 함께 가자고 소녀를 설득해 간신히

얘기를 나눌 수 있었습니다. 그 소녀가 들려 준 이야기는 제 상상보다 훨씬 더 잔혹한 것이었습니다. 그리고 저는 앞으로 제가 해야 할 일이 무엇인지를 깨달을 수 있었습니다.

목표 설정

저는 전적으로 우리나라가 책임져야 하는 이 비참하고 고통스럽고 의문에 가득 찬 사안이 명확하게 종결될 때까지, 단 한순간도 쉬지 않을 것입니다.

시각 자료 활용, 일화 소개, 부정적 결과 제시

이야기를 더 진전시키기 전에 여러분에게 슬라이드를 보여 드리겠습니다.

이 여성은 리나입니다(슬라이드 1). 리나는 꽃단지 공장 직원이었습니다. 그녀의 일과는 매일 새벽 4시에 시작됩니다. 2년 전에 어머니께서 세상을 떠나셨기 때문에, 그녀는 4시에 일어나 동생들을 위해 아침식사를 준비합니다. 물론 이 점에 대해서는 제가 뭐라 말할 수 있는 입장이 아닙니다. 그건 단지 그녀가 짊어져야 할 삶의 무게이기 때문이지요.

그녀는 이처럼 집안일을 하면서 직업전선에 뛰어들어야 했지만, 그저 당연한 일로 받아들이고 있었습니다. 새벽에 일어나 일터로 나갔다가 밤늦게 귀가하는 생활. 식사를 준비하고 빨래도 하고, 장도 봐야 합니다. 뿐만 아니라 동생들 숙제도 봐줘야 하니, 리나의 일과는 거의 자정쯤이 되어서야 끝나곤 합니다. 그녀에게는 또래의 젊은이들처럼 외출을 하거나 자신을 위해 즐겁게 보낼 수 있는 시간은 애초부터 없었습니다.

다시 한 번 말씀드리지만, 이런 개인적인 문제 때문이라면 저는 여기 서 있지 않을 겁니다. 제가 발 벗고 나서려 한 것은 바로 또 다른 리나의 모습 때문이었습니다(슬라이드 2).

저는 그녀를 호텔로 데리고 와 이 슬라이드를 만들었습니다. 그녀의 얼굴에 난 이 상처를 보십시오. 팔에 난 이 멍도 보세요(슬라이드 3). 구타의 흔적이지요. 그렇다면 과연 누가 그녀를 이렇게까지 심하게 구타했을까요? 바로 공장장이었습니다. 왜냐고요? 리나가 화장품 병을 하나 떨어뜨려 깨뜨렸기 때문이지요. 기껏해야 100센트도 안 되는 병 하나를 깨뜨린 것에 대한 벌이었습니다.

물론 리나가 부주의했던 것도 사실입니다. 그렇지만 지금이 어떤 세상입니까? 찰스 디킨스Charles Dickens는 19세기에 이러한 과도한 폭력에 대해 고발한 적이 있습니다. 우리는 오랜 세월 인권을 수호하기 위해 싸워 왔기에, 이런 일을 보고도 못 본 척 시선을 돌려 버릴 수는 없었습니다.

물론 모르고 지나쳤다면 그 상태로 계속 지낼 수도 있었겠지요.

하지만 저는 베트남에서 100명이 넘는 리나를 만났고, 그들과 대화를 나눴습니다.

반복법

한 명의 리나가 아니라 100명이 넘는 리나였습니다. 100명이나 되는 소녀들이 그 공장에서 일어났던 유사한 구타 사건에 대해 증언해 주었습니다. 실제로 오늘날 베트남에서는 이런 식의 착취가 흔한 일이라고 합니다.

목표 설정과 결과

아까도 말씀드렸다시피, 노동자에 대한 폭행은 이미 상례화되었습니다. 폭력이야말로 해외에서 현지 노동자들을 굴종시키기 위한 방편이 되어 버렸으니까요. 만약 이 땅에서 공장 내 학대가 일어난다면, 우리가 그것을 그냥 보고 넘길까요? 천만의 말씀입니다. 그렇다면 개도국의 우리나라 공장들에서 벌어지고 있는 폭력 사태에 대해서도 제동을 걸어야 한다고 생각합니다. 우리는 큰 소리로 외쳐야 합니다.

"부끄러운 행동은 이제 그만!" "학대는 이제 그만!"

우리는 더 이상 이 일을 방관하지 않을 것입니다. 그리고 우리가 이런 폭력 행위를 근절하기 위해 할 수 있는 유일한 행동 지침이 있다면, 그것은 바로 꽃단지에 대한 불매 운동을 벌이는 것입니다.

우리가 이 회사의 가장 근본적인 것을 건드린다면 이들도 뭔가 대꾸를 할 것입니다. 불매 운동은 성공할 것입니다. 남아프리카공화국에서도 이런 일이 있었습니다. 남아공은 이제 인종 차별 정책을 종식시키고 진정한 민주국가로 거듭나려 하고 있는데, 이 역시 불매 운동의 결과입니다. 대중의 불매 운동의 대상이 된 회사들은 거의 모두 수익이 감소되었습니다. 그들은 노동자들을 계속 구타할 생각은 아예 하지 못합니다. 이런 것들이 바로 불매 운동이 성공한 대표적인 예라고 할 수 있습니다.

그러나 저는 여러분들이 또 한 가지 사상으로 무장하기를 원합니다(슬라이드 4 - 공장장이 연사 쪽을 향해 걸어오고 있다).

여러분들은 현재 저의 모습과 못마땅한 표정의 매우 화난 남자를 보고 있습니다. 이 사람이 바로 베트남 꽃단지 공장의 책임자입니다. 제가 처음 이 사람과 대화를 시도했을 때, 그는 모든 사실을 부정했습니다. 내가 리나의 사진을 보여 주었을 때도 그는 사실을 부인하면서, 제가 뭔가를 과장하여 확대시키고 있다고 주장했습니다(슬라이드 5와 6 - 리나의 상처를 보여 주는 사진).

이 슬라이드가 어떻게 거짓말을 할 수 있겠습니까? 그것이 거짓이라면 제가 무엇 때문에 귀중한 시간을 낭비하면서 이런 가짜 슬라이드를 만들겠습니까?

제가 베트남에 간 이유는 베트남에 설립된 우리나라 공장에서 벌어지는 일련의 잔혹한 사건들에 대해 들었기 때문입니다.

현지에서 제가 목격한 광경들은 상상을 초월하는 그런 것이었습니다. 저는 스스로가 혐오스러웠고, 저 자신이 부끄러워졌습니다.

그곳 노동자들이 최저임금을 받고 일한다고 생각한다면 그건 오산입니다. 그들은 최저임금의 33%에도 못 미치는 급료를 받고 있었습니다. 신사 숙녀 여러분! 이것은 명백한 노동 착취입니다. 그들이 그런 대접을 받으며 살아가는 것은 우리 모두가 그것을 허용했기 때문입니다.

여러분 자신에게 한번 물어 보십시오. 꽃단지 크림 한 병의 평균 가격이 얼마입니까? 45달러입니다. 그렇다면 그 크림 한 병을 생산하는 데 드는 비용은 얼마라고 생각하십니까? 제 대답을 들으면 아마도 놀랄 겁니다. 3달러입니다.

물론 꽃단지 화장품의 가격을 내리라고 하는 말은 아닙니다. 제가 그들에게 원하는 것은 최소한 그들을 위해 일하는 근로자들에게 좀 더 많은 몫을 나눠 줄 수 있는 자세를 가져야 한다는 것입니다. 모든 기업은 이윤 추구를 목적으로 하고 있습니다. 우리나라가 세계 최강이 된 것도 다 그 덕이라고 할 수 있습니다. 그렇다고 해도 결코 다른 사람의 희생을 통해 이윤을 추구해서는 안 될 것입니다!

신사 숙녀 여러분! 이제 제리에게 마이크를 넘기기로 하겠습니다. 앞으로 우리가 취해야 할 행동 지침을 제리가 설명할 것입니다. 감사합니다.

정보를 전달하는 경우 : 사실 설명을 위한 말하기

목표 설정

안녕하십니까, 여러분! 오늘 제가 단상에 선 것은 금번 불매 운동과 관련한 행동 지침을 여러분들께 알려 드리기 위해서입니다. 행동 지침은 두 단계로 구성되어 있습니다.

시각 자료 및 부문별 분리

<u>슬라이드 1</u> - 편지 보내기 운동(국회의원들에게/꽃단지 화장품 회사 사장에게)

무엇보다 먼저 우리는 국회의원들에게 편지를 보내, 베트남에 있는 공장들의 학대 행위에 대해 무엇을 얼마나 알고 있는지 묻고, 특히 꽃단지 공장의 예를 들려 주어야 합니다. 그것은 이 공장에 대해 일련의 조치를 내리고, 최저임금의 33%밖에 되지 않는 임금 정책에 대해 엄중 조치하도록 만드는 유용한 계기가 될 것입니다.

이런 행위들은 국제법을 위반하는 것입니다. 국회의원들에게 이런 학대 행위를 근절시키기 위해 어떤 조치를 취할 수 있는지 묻고, 국제법 유린 행위에 대해 무엇을 어떻게 할 수 있는지 물어 보십시오.

그러고 나서 꽃단지 화장품 회사 사장에게 편지를 보내시기 바랍니다. 사장의 이름과 주소는 여러분에게 나눠 드린 유인물 6페이지에 나와 있습니다. 편지에 다음 사항을 꼭 넣으시기 바랍니다.

· 사장인 당신은 꽃단지 공장들, 특히 베트남 공장에서 일어나고 있는 노동자 학대 행위에 대해 알아야 한다(그리고 그 밑에 여러분이 오늘 이 자리에서 보고 들은 이야기들을 기록하십시오).

· 사장인 당신은 노동자들에게 최저임금의 33%에 불과한 급료를 지급하고 있는데, 이는 국제법을 위반하는 행위이다. 모든 기업은 최저임금 이상을 급료로 지불해야 하며, 동일한 업무에 대해서는 동일한 급료를 지불해야 한다. 당신은 국제법을 위반하고 있는 것이다.

· 우리는 꽃단지 회사가 정책 자체를 수정하지 않는 한 꽃단지 제품에 대한 불매 운동을 벌일 것이다. 정책을 수정하는 경우, 반드시 현지 신문을 통해 그 내용을 공개해야 하며, 6주 이내에 수행해야 한다. 기한은 11월 첫째 주까지이다. 만일 적절한 조치가 취해지지 않는다면, 역사상 최악의 불매 운동을 경험하게 될 것

이며, 전체 판매량이 절반으로 줄어들게 될 것이다. 꽃단지 공장이 어떤 일을 저질렀는가는 전 세계가 알고 있다.

반복법, 제1단계 이후의 행동 지침

제1단계는 정부와 꽃단지 회사에 대한 경고의 의미를 갖습니다. 즉 현재 그곳에서 어떤 일이 일어나고 있는지 당신이 알고 있으며, 정책 수정을 요구하고 있다는 사실을 상대방에게 알리는 거지요. 당신은 정부의 정책적 압력이 아무런 효과도 없음을 아는 상황에서 더 이상 무슨 일을 할 수 있는지 보여 달라고 정부에 요구했습니다. 두 번째로 당신은 꽃단지 회사를 대상으로 정책 수정을 요구했으며, 수정하지 않을 경우 불매 운동을 벌이겠다는 경고도 했습니다.

당신은 우리가 왜 즉각 불매 운동에 들어가지 않는지 의아하게 생각할지도 모릅니다. 많은 기업들이 소비자가 불매 운동을 벌이기 전에 보내는 이런 종류의 서신을 접수한 뒤, 대규모의 정책 변경을 한 적이 있기 때문입니다. 따라서 그들에게 먼저 대량의 편지를 보내 기회를 주려는 것입니다. 친구들에게도 편지를 쓰라고 권하십시오.

글재주가 없다고 생각하시는 분들에게는 샘플 편지를 드리겠습니다. 유인물 7페이지에 나와 있습니다. 그들이 여러 사람에게서 똑같은 내용의 편지를 받았다는 것은 중요하지 않습니다. 오히려 이것은 꽃단지 회사에 우리의 강력한 단결력을 보여 줄 수 있는 증거이기도 합니다. 이런 단체 행동은 상당한 효과를 발휘하며, 우리가 바라는 것도 바로 그것입니다.

시각 자료 및 행동 지침

<u>슬라이드 2</u>

· 당신의 전화번호를 남겼습니까?

· 전화를 기다리십시오.

· 제2단계로 넘어가기 위해 다음 모임에 참석하십시오.

오늘 오신 분들은 등록 용지를 받으셨을 겁니다. 그리고 거기에 전화번호를 적으셨을 겁니다. 우리는 4주에 한 번씩 여러분에게 전화를 걸어 이 운동의 진행 상황을 알려 드릴 것입니다. 만일 아무런 변화가 없다면 제2차 모임을 소집하여 불매 운동에 대한 지침을 알려 드릴 것입니다.

신사 숙녀 여러분! 우리는 편지 보내기가 매우 효과적인 행동임을 잘 알고 있습니다. 여러분이 직접 작성한 편지도 좋고, 유인물에 나온 편지를 그대로 사용하셔도 좋습니다.

그럼, 4주 후에 다시 뵙기로 하겠습니다.

감사합니다.

뚜렷한 목표를 정해서 성공적으로 말하자

똑같은 소재에 대해 세일즈를 위한 말하기 방식으로 진행할 수도 있으며, 감동을 전하거나 가르침을 전하기 위해, 또는 행동을 촉구하거나 사실을 설명하기 위해 이야기할 수 있음을 보았다. 어떤 식으로 진행할 것인가는 당신이 이야기하는 목표가 무엇인가에 따라 결정되는 것이다.

위와 같은 여러 유형의 이야기들이 나름 소기의 목적을 달성할 수 있었던 것은 모두 이야기를 진행하기에 앞서 목표를 설정했기 때문이다.

세일즈를 위해 이야기하는 경우에 나는 청중을 설득하기 위한 방법들을 활용했다. 즉 부정적인 결과와 긍정적인 결과를 제시하며, 정보 전달 및 이점에 대한 언급과 결론을 제시한 것이다.

감동을 전하기 위해서는 감동을 자아낼 수 있는 도구들, 즉 일화를 소개한다든지 시각 자료를 활용한다든지 정보를 전달하는 방법을 사용했다.

청중을 가르치기 위해서는 교육적이고 감동적으로 이야기해야 한다. 이를 위해서는 다양한 보조 수단이 사용되어야 한다. 즉 항목별 세분화, 시연 및 감각 자극, 정보 전달, 청중의 참여 유도, 반복, 강조 등이 그것이다.

청중의 행동을 촉구하기 위해서는 매우 설득력 있고 감동적인 방법이 요구된다. 이를 위해서는 일화를 소개하고, 시각 자료 활용, 부정적인 결과 제시, 반복, 결론 제시 등의 방법을 적용하면 된다.

사실을 설명하는 경우에는 교육적인 방법이 유요하다. 시각 자료를 제시하고, 세목별 분류, 반복, 지시 등의 방법을 사용하라.

이러한 모든 유형의 이야기에서 가장 중요한 것은 목표가 뚜렷해야 한다는 점이다. 기억하라. 만약 청중이 당신의 목표가 무엇인지 파악하지 못한다면 그들은 당신이 무엇을 원하는지 결코 알 수 없다.

대중 앞에서 말을 잘하는 비결

초판 1쇄 인쇄 2014년 09월 01일
초판 1쇄 발행 2014년 09월 05일

지은이 마리온 위츠
옮긴이 김수진

펴낸이 김연홍
펴낸곳 아라크네

출판등록 1999년 10월 12일 제2-2945호
주소 121-865 서울시 마포구 성미산로 187
전화 02-334-3887 **팩스** 02-334-2068
ISBN 978-89-98241-40-7 13320

※ 잘못된 책은 바꾸어 드립니다.
※ 값은 뒤표지에 있습니다.